高校体育
教学方法实践

张海浩 著

陕西新华出版
陕西人民美术出版社
SHAANXI PEOPLE'S FINE ARTS PUBLISHING HOUSE
西安

图书在版编目（CIP）数据

高校体育教学方法实践 / 张海浩著. -- 西安：陕西人民美术出版社，2024.11. -- ISBN 978-7-5368-4212-0

Ⅰ. G807.4

中国国家版本馆CIP数据核字第20253RB383号

责任编辑：张　萌
装帧设计：徽墨文化

高校体育教学方法实践

GAOXIAO TIYU JIAOXUE FANGFA SHIJIAN

作　　者	张海浩
出版发行	陕西人民美术出版社
地　　址	陕西省西安市雁塔区登高路1388号
邮政编码	710061
经　　销	新华书店
印　　刷	廊坊市新景彩印制版有限公司
规格开本	710mm×1000mm　1/16
印　　张	11.25
字　　数	200千字
版　　次	2024年11月第1版
印　　次	2024年11月第1次印刷
书　　号	ISBN 978-7-5368-4212-0
定　　价	70.00元

版权所有·请勿擅用本书制作各类出版物·违者必究

前言
FOREWORD

　　高校开展体育教育是提升大学生身体素质的重要途径，对我国教育事业的发展和创新人才的培养起着至关重要的作用。在竞争日益激烈的现代社会，高校体育教育承担着增强学生体质、培养学生良好心理素质和社会适应能力的重任，具有其他学科教育无法替代的独特优势。随着教育理念的不断更新和信息技术的飞速发展，传统的体育教学方法已难以满足现代大学生的多元化需求，如何在保持体育教学本质的同时，融入新的教学理念和方法，提高教学效果，培养学生的终身体育意识，成为每一位高校体育教育工作者思考和探索的重要课题。本书正是基于这一背景，通过系统梳理高校体育教学的理论基础，深入探讨传统与现代教学方法的融合，以及创新性教学方法的实践应用，为读者提供了一个较全面的高校体育教学方法学习和实践参考框架。

　　本书深入探讨了高校体育教学的方法，旨在系统且全面地指导高校体育教学活动。本书涵盖了从理论基础到实际应用的相关内容，包括体育教育学概述、高校体育教学的目标和原则等。本书详细介绍了传统教学方法如讲解示范法、练习比赛法和游戏法，以及现代教学方法如任务驱动教学法、探究式教学法和项目化教学法。此外，本书还探讨了信息技术在体育教学中的应用，如多媒体技术、VR（虚拟现实）技术的应用和互联网+体育教学。本书还深入分析了个性化教学、合作学习与团队教学、体育教学创新、评价与反馈机制在体育教学中的运用。通过将理论阐述与具体案例相结合，本书为高校体育教师提供了较实用的教学策略和方法。

　　高校体育教学是一个不断发展和创新的领域，本书所呈现的内容虽然力求全面，紧追前沿，但难免有所不足，衷心希望读者在阅读过程中能够批评指正，并结合自身的教学实践，不断探索和创新，共同推动高校体育教学的持续发展。

目录

第一章	高校体育教学的理论基础	1
第一节	体育教学概述	1
第二节	高校体育教学的目标和任务	9
第三节	高校体育教学的原则	16
第二章	高校传统体育教学方法	24
第一节	讲解示范法	24
第二节	练习比赛法	30
第三节	游戏法	39
第三章	现代高校体育教学方法	46
第一节	任务驱动教学法	46
第二节	探究式教学法	52
第三节	项目化教学法	58
第四章	信息技术在高校体育教学中的应用	65
第一节	多媒体技术的应用	65
第二节	VR技术的应用	74
第三节	互联网+体育教学	80
第五章	高校个性化体育教学方法	89
第一节	个性化教学的必要性	89
第二节	个性化教学方案的设计	94

第三节　个性化教学案例分析 …………………………………… 103

第六章　高校体育合作学习与团队教学法 ………………………… 108
　　第一节　合作学习的理论基础 …………………………………… 108
　　第二节　合作学习在体育教学中的应用 ………………………… 113
　　第三节　团队教学的设计与实施 ………………………………… 120

第七章　高校体育教学中的创新与实践 …………………………… 127
　　第一节　体育教学创新的必要性 ………………………………… 127
　　第二节　创新体育教学方法的探索 ……………………………… 134
　　第三节　体育教学创新案例分析 ………………………………… 144

第八章　高校体育教学中的评价与反馈 …………………………… 150
　　第一节　体育教学评价体系 ……………………………………… 150
　　第二节　体育教学评价方法 ……………………………………… 158
　　第三节　体育教学反馈机制 ……………………………………… 165

参考文献 …………………………………………………………… 173

第一章　高校体育教学的理论基础

第一节　体育教学概述

体育教学是一门综合性的学科，旨在通过系统的运动训练和教育活动，促进学生身体素质、心理素质的提高和社会适应能力的迅速提升。它不仅涉及身体的锻炼和运动技能的掌握，还包括体育文化的传承和审美情感的培养。它不只是一种知识的传递，更是一种身体与心灵的融合。

体育教学的历史可以追溯到西方社会的古希腊时期，体育运动在那时就已成为教育的重要组成部分，旨在强健公民的体魄，培养其意志力。古希腊的奥林匹克运动会就是这种体育教育观念的体现。到了近代，德国的体操运动、英国的足球运动和瑞典的体育锻炼方法，分别在不同的文化背景下发展壮大，形成了各具特色的体育教育体系。19世纪末20世纪初，现代学校体育制度逐渐在世界各国建立，标志着体育教学的正式确立。随着科学技术的进步和社会的发展，体育教学的内容和方法不断丰富和创新，为人类身心的健康发展和社会进步做出了重要贡献。

一、体育教学的构成要素

体育教学的构成是一个多层次、多要素的复杂系统，每一个层次都包含了相同的要素，将这些要素有机整合就形成了一个完整、统一的教学过程。

关于体育教学的构成要素，有三种不同的观点：三要素说、四要素说和五要素说。三要素说认为，体育教学系统是由体育教师、学生和体育教材三个基本要素构成的。四要素说认为，体育教学系统由体育教师、学生、体育教材和体育教学手段四个要素构成。五要素说则认为，体育教学系统是由体育教师、学生、体育教材、体育教学方法和教学物质条件这五个要素构成的。尽管这些观点各不相同，但它们都有一个共同点，即都认为体育教师、学生和体育教材是体育教学系统的基本要素。

体育教学活动的主体是人，体育教学过程是教师与学生共同活动的过程，因此，体育教师和学生是体育教学中不可或缺的两个基本要素，他们共同的作用对象是体育教材。在体育教学过程中，教师通过教材这一媒介与学生进行互动。体育教学系统的构成要素主要是体育教师、学生和体育教材，它们之间相互联系、相互依存和相互作用，构成了一个有机的整体。

学生是体育教学的主体，其个体差异明显。每一位学生在体形、体能、身体功能以及情感、气质、性格、兴趣、爱好和个性等方面，因遗传、家庭、学校和教育等因素的影响，表现出显著的差异性。因此，体育教师需要对学生有深刻的了解和认识，以便更好地因材施教，提升教学效果。

体育教师在体育教学中承担着重要的社会责任，即培养下一代。因此，无论从哪个角度来看，体育教师在体育教学系统中都起到关键作用。体育教师的个性、能力、水平、事业心、责任感，以及教师与学生的关系、在学生中的威信，都对体育教学的效果产生重要的影响。一个优秀的体育教师不仅需要具备丰富的专业知识和技能，还需要具备良好的教育素养和高度的责任感，能够以学生为中心，关注每一位学生的成长和发展。

体育教材是体育教师指导学生进行体育学习的教育材料，是师生相互作用的媒介。体育教师通过教材向学生传授知识和技能，学生通过教材进行学习和练习。体育教材的选择需要考虑社会发展的需要，尤其要考虑社会发展对教育和学校体育目标的影响，同时，还需要充分考虑体育运动的特点以及学生对体育教材的理解、接受和喜爱程度。体育教材的内容范围、难度等都直接影响体育教学的成效，也影响着学生的身心发展。

二、体育教学的规律

体育教学是一个复杂而系统的过程，需要遵循多种规律以确保教学效果最大化。

（一）适应学生身心发展水平

教育和教学必须与学生的身心发展水平相适应，这是一条基本规律，体育教学也必须遵循这一原则。体育教学的目标是促进学生的全面发展，包括一般发展和特殊发展。因此，必须合理设计体育教学的目标，同时恰当选择教学方法和手段。要实现这一点，教师必须了解学生当前的发展水平，并根据学生的"最近发展区"制订教学计划，帮助学生不断进步。"最近发展区"是指学生在教师指导下能够达到的潜在发展水平。通过合理的目标设定和教学策略，教师可以引导学生在"最近发展区"内不断挑战自我，从而实现身心的全面发展。

（二）符合学生生理和心理指标起伏变化

在体育教学过程中，学生的生理和心理承受着不同程度的压力，会引起一系列生理和心理指标的变化。由于体育课包含多种学习和活动方式，如听讲、观察、进行身体练习、帮助同伴及休息等，这些活动方式的变化对学生的身心有着不同程度的影响，因此，学生的生理和心理指标会呈现出波浪形的高低起伏变化。这种变化是体育课教学所特有的，是客观存在的。体育教学必须遵循这一规律，使学生保持合理的生理和心理起伏变化节奏。例如，体育教师在安排课时时，应考虑运动强度和休息时间的合理搭配，避免学生过度疲劳，同时确保学生在整个体育课过程中始终保持积极的状态。

（三）感知、思维和实践相结合

在体育课上，学生大部分时间在进行身体练习，耳、眼等感官直接感知动作，大脑积极思考如何行动，肌体进行协调完成动作。在这一过程中，直接感知是基础，思维是核心，实践是归宿，这三个环节紧密结合，缺少任何一个环节都会影响体育教学的效果。直接感知帮助学生获得动作的初步印象，思维过程帮助学生理解和内化动作要领，实践是学生通过反复练习巩固和提高动作技能。例如，在教授篮球投篮技巧时，学生首先通过视觉感知教师的示范动作，然后通过思维过程理解动作要领，最后通过不断的练习掌握并提高投篮技巧。因此，体育教学只有注重感知、思维和实践的有机结合，才能达到最佳的教学效果。

（四）遵循知识和技能的学习规律

体育教师要向学生传授相关的知识和技能。然而，知识或技能在掌握后如果不及时强化就会遗忘或消退。因此，体育教学必须遵循螺旋式上升的规律，即在传授的知识和技能可能会有所衰退时，在教学中应该及时巩固和加强这些内容，使学生在不断地巩固、完善和提高中逐步掌握体育知识和技能。例如，在教授学生跑步技巧时，教师在初期课程中教授基本的跑步姿势和呼吸方法，在后续课程中不断重复这些基础知识，并在此基础上增加新的跑步训练内容，如速度训练和耐力训练。这种螺旋式上升的教学方法，可以让学生在不断地重复和强化中牢固掌握跑步技巧，并逐步提高自己的跑步能力。

三、高校体育教学的特点

（一）体育运动知识的传承性

体育运动知识，即运动规律的经验和认知的总和，是体育运动与其他学科相比最为显著的区别。值得注意的是，在人类知识发展过程中，这种知识是一种特殊的认知形式，同时也是人类从对外部自然知识的追求逐渐向对人体内部知识转移的结果，更是一种面向人类本体、人类自身与人类自我的挑战。当前教育界对于学生的主体性地位给予了肯定与重视，这种对人类自我知识的追求不仅展示了高校体育教学的特殊性，也使高校体育教学具有传承知识的重要意义。

高校体育教学并不是传统意义上的简单体育活动，而是对运动知识的传承。运动知识是一种能够帮助人类感知身心状态的知识，是科学知识的一部分。可以预见，这类知识在未来将会受到广泛关注和认可，并将在人类身心健康的相关研究中被广泛应用。

首先，高校体育教学中的运动知识传承，能够促进学生对自身身体的深入了解。通过系统的体育教学，学生可以学习和掌握各种运动技能，了解人体的生理机制和运动规律。这种知识不仅有助于学生在体育活动中提高运动表现，还有助于他们在日常生活中保持健康的生活方式。运动知识的学习和掌握，使学生能够更好地管理自己的身体，预防运动损伤，保持身体的良好状态。其次，高校体育教学中的运动知识传承，有助于培养学生的综合素质。体育教学不仅是传授运动技能，更重要的是通过体育活动培养学生的意志、品质、团队合作精神和社会适应能力。在体育活动中，学生需要克服困难，挑战自我，培养坚韧不拔的精神。同时，团队运动还能够培养学生的合作意识和团队精神，增强他们的社会适应能力。通过运动知识的传承，学生不仅能够在体育活动中锻炼身体，更能够在心理上得到成长和发展。最后，高校体育教学中的运动知识传承，有助于促进体育科学的发展。体育科学是一门综合性很强的学科，涉及生理学、心理学、运动学等多个领域。高校体育教学中的运动知识传承，可以为体育科学的研究提供丰富的素材和实践经验。通过对运动知识的深入研究，可以发现和揭示人体运动的规律，推动体育科学的发展。高校体育教学中的运动知识传承，不仅是在培养学生，也是为体育科学作贡献。

（二）师生身体活动的互动性

在高校体育教学过程中，教师和学生要频繁进行身体活动，这是体育课程的一大特点。与其他学科不同，体育教学需要教师和学生都积极参与到实际的运动中，通过不断的示范、指导、反馈和操作来使学生掌握运动技能。

教师在体育教学中扮演着示范者和指导者的角色，他们需要不断向学生展示各种运动项目的正确动作和技巧。同时，教师还需要对学生的练习进行实时的指导和反馈，帮助他们纠正错误动作，提升运动技能。由于运动知识来源于身体的不断实践，教师在体育课上需要频繁地进行示范和指导，确保学生能够正确地理解和掌握运动技能。

对于学生来说，要学习和掌握运动技能，需要反复进行操作和演练。在体育教学中，学生通过亲身体验和实践，逐渐掌握各种运动技能，并在不断练习中提高自己的运动水平。由于体育教学涉及大量的身体活动，学生的身体操作和体验显得尤为重要。这种高频次的身体活动，不仅有助于学生掌握运动技能，还能够增强他们的体质，培养他们的运动习惯。体育教学中的身体活动和体验，还能够激发学生的兴趣和积极性。与其他学科的教学相比，体育教学更具趣味性和参与性，学生在体育活动中不仅可以锻炼身体，还可以体验到运动的乐趣，释放学习压力，增强心理健康。在体育教学中获得的欢快情绪和积极体验，是其他学科课程难以比拟的。

需要强调的是，体育教学中频繁的身体活动，并不意味着缺乏科学的教学设计和合理安排。相反，教师需要根据学生的身体状况和发展水平，科学合理地安排体育教学的内容和强度，确保学生在活动中既能够得到充分的锻炼，又不会过度疲劳。教师需要根据学生的个体差异，因材施教，制订个性化的教学计划，帮助每个学生在体育教学中得到最大限度的发展。

（三）学生身心合一的统一性

从本质上来讲，体育是一个根据自然和社会需要，以身体活动为主要手段，实现人的全面发展的身体文化活动，强调生理机能和形态结构的统一，同时注重身心的和谐发展。在高校体育教学活动中，不仅要传承体育文化，还要增强学生的身体素质，同时增强学生的心理素质和社会适应能力。高校体育教学通过营造生动的情境,为学生心理素质的发展和社会适应能力的提高创造了良好的条件,这与智育教学有明显的差异。高校体育教学过程与辩证唯物论的观点相符,讲究身心发展的统一性。身体发展是基础,身体发展支持了心理发展,反之,心理发展也能促进身体发展。高校体育教学中的身心合一主要体现在三个方面:

首先,高校体育教学内容要注重对学生各种能力和素质的培养,特别是心理和社会适应能力的培养,这符合社会学和心理学的要求。通过体育教学,学生不仅能提高运动技能,还能培养自信心、意志力和团队合作精神。这种全方位的发展有助于学生在未来的社会生活中更好地适应各种挑战。

其次,体育教师的教学方法和教学组织必须与学生的身心发展规律相符。在教学过程中,通过反复的动作练习和适当的交替休息,能够使学生的健身目标得以实现。练习活动与休息的合理交替进行,使学生的生理机能变化呈现波浪式曲线,这种有规律的生理变化,有助于学生在锻炼中保持最佳状态,避免过度疲劳,同时促进身体的全面发展。

最后,体育课程教学要与学生的年龄特征和心理特征相符。学生的心理活动和生理负荷的波浪式曲线变化规律,使高校体育教学具有鲜明的节奏性和身心统一性。体育教师在选择教学方法时,应该充分考虑学生的心理特征,通过趣味性和多样性的教学活动,激发学生的兴趣和积极性。这样不仅能够促进学生的身体发展,还能增强他们对体育的热爱,激发他们的运动潜能。

在体育教学过程中,教师需要关注学生的个体差异,因材施教,根据不同学生的需求和能力,制订个性化的教学计划。通过科学合理的教学安排,确保每个学生都能在体育活动中得到最大限度的发展。体育教师不仅要关注学生的身体发展,还要关注他们的心理状态,通过积极的引导和鼓励,帮助学生建立自信,培养积极向上的心态。

(四)体育教学过程的直观形象性

在体育课程教学的各个过程中,直观形象性得到了充分体现。体育教师不仅要像其他学科教师一样进行讲解,还要使用生动有趣、贴切形象的语言,艺术性地加工所要传授的内容,从而加深学生对教学内容的感知。体育教师需要运用特殊的演示形式,如动作示范、优秀学生的示范、学生正误对比示范、人体模型、动作图示、教学模具等直观展示,使学生通过感官直接感知动作,从而建立清晰、正确的运动表象。

通过直观的动作演示，学生能够将得到的表象与思维紧密联系在一起，实现对体育知识和技能的掌握。高校体育教学的管理与组织过程也体现了直观形象性。学生的行为直接、外显且可观察，体育教师的一言一行能够发挥榜样的作用，在潜移默化中对学生进行身心教育，这些都直接真实地体现在课堂上。尤其是在开展学习活动和运动的过程中，学生会通过一言一行表现出最真实的一面，这是体育教师观察、帮助学生和反馈的最佳时机。

体育教学的直观形象性不仅有助于学生掌握运动技能，还能增强他们的学习兴趣和参与积极性。通过直观的示范和生动的讲解，学生能够更容易理解和掌握复杂的动作技巧。同时，教师通过示范和纠正学生的错误动作，能够及时帮助学生改进，确保他们掌握正确的运动技能。在体育教学中，教师还可以利用多媒体技术，如视频、动画等，增强教学的直观性和生动性。通过多媒体技术，教师可以更直观地展示运动技巧和动作要领，帮助学生更好地理解和掌握。同时，多媒体技术还可以提供丰富的教学资源，使体育教学内容更加多样化和趣味化，激发学生的学习兴趣。此外，体育教师需要注重课堂氛围的营造，通过积极的互动和鼓励，激发学生的参与积极性。在教学过程中，教师可以组织各种有趣的活动和比赛，通过竞争与合作，增强学生的团队意识和集体荣誉感。同时，教师要善于发现和表扬学生的进步情况和优点，帮助他们建立自信，激发他们的学习热情。

（五）教学内容的审美性和情感性

体育课程教学的美在运动过程中得到了直观的体现。通过运动塑身，教师和学生得以形成身体的线条美与对称美。同时也能够实现运动中的人体美和动作美。这种外显的美不仅表现在身体的形态上，还表现在运动的动态美中。例如，篮球运动中的跳跃和投篮，田径运动中的冲刺和跨栏，这些动作都蕴含着丰富的美学价值。体育教学还体现了精神美。在运动过程中，学生需要克服各种生理和心理障碍，展示出礼貌、谦让和谦虚的风范。这种精神美不仅体现在个人的运动表现上，还体现在团队合作和互助中。例如，在篮球比赛中，队员之间的默契配合和相互支持，展示了群体互助、协调和合作的精神美。

高校体育教学活动不仅展示了人体美和精神美，还体现了体育教学内容的审美性。每个运动项目都有独特的审美特征和美学符号。例如，球类运动不仅展示了个人的运动优势，还注重群体的互助和合作；田径运动表现出学生个人的运动天赋和永不言败的精神；乒乓球运动则展示了运动员的技艺和灵巧。这些内容都是前人累积的经验总结，经过教师的加工传授给学生，使学生在运动中感知美，获得身心健康的全面发展。高校体育教学活动作为一种社会活动，具有一定的创造性。教师与学生共同营造的教学情境在精神上能够给人以启迪，令人回味。例如，在一场精彩的篮球比赛后，学生不仅能从中获得锻炼和成长，还能感受到团队精神和运动的魅力，这种审美情感体验对学生的全面发展有着深远的影响。

（六）外界条件的影响和制约

与其他学科教学相比，高校体育教学的另一个显著不同之处，是体育教学效果容易受到外界因素和实际客观条件的影响。这些因素包括学生的性别、年龄、生理特点、心理特点、体质强弱与运动基础，以及体育场地、设施和气候条件等。

从高校体育教学对象的层面上看，体育教学应实现教育的全面性。在运动基础方面，教师需要区别对待不同水平的学生。例如，在机能水平、身体形态、运动功能和运动素质等方面，男女学生存在明显的差异。因此，在教学选择、教学设计和教学组织等方面，教师应充分考虑性别差异，制订适应不同学生特点的教学计划。

此外，教师还需要考虑学生的年龄、生理特点和心理特点。不同年龄段的学生在身体和心理上都有不同的需求和特点。例如，小学阶段的学生身体柔韧性好，适合进行一些基础性的体操和舞蹈训练；高中阶段的学生则更适合进行力量和耐力训练。教师需要根据学生的年龄特点，设计相应的教学内容和方法。

气候条件也是影响高校体育教学效果的重要因素。天气的变化，如高温、低温和雨雪天气，都会对体育教学的开展产生影响。例如，在炎热的夏季，进行剧烈运动容易导致学生中暑；在寒冷的冬季，室外运动又容易导致学生受寒。为此，教师需要根据气候条件，合理安排体育教学内容和形式，确保学生在安全和舒适的环境中进行体育活动。

体育场地和设施条件也是影响体育教学质量的重要因素。设备齐全、设施完善的体育场馆，能够提供良好的运动环境，促进学生的体育锻炼和运动技能的发展。然而，由于场地和设施的限制，一些学校的体育教学条件并不理想，这就要求教师在有限的条件下，充分利用现有资源，创新教学方法，提高教学效果。

第二节 高校体育教学的目标和任务

一、体育教学的相关概念

（一）体育教学目的、体育教学目标、体育教学任务的含义

1. 体育教学目的

体育教学的目的是设立体育学科和实施体育教学的根本意图和初衷。它不仅是体育教育的出发点，也是贯穿整个体育教学过程的核心指导思想。体育教学的目的是对体育教育提出的概括性和总体性的要求，决定着体育教学的基本方向和价值取向。

体育教学的目的具有多方面的含义。首先，它包括身体素质的培养。通过系统的体育锻炼和科学的运动训练，增强学生的体质，提高他们的运动能力，促进他们的身体发育和健康成长。其次，它包括心理素质的培养。体育活动能够锻炼学生的意志品质，培养他们的自信心和自我控制能力，帮助他们减轻心理压力，增强抗挫折能力。最后，它还包括社会适应能力的培养。体育活动通常需要学生进行团队合作、遵守规则并具备良好的体育精神，这有助于培养学生的团队意识、集体荣誉感和公平竞争精神，增强他们的社会适应能力。

2. 体育教学目标

体育教学目标是指体育教学活动在各个阶段要实现的具体成果和最终预期结果。体育教学目标是体育教学目的的具体化和阶段性体现，是指引教学活动的具体方向和标准。

体育教学目标可以细化为不同层次的具体目标。例如，短期目标通常是指在一个学期或一个学年内要实现的教学成果，如掌握某项运动技能或达到一定的体能标准。中期目标是指在整个学段内要实现的成果，如在高中阶段全面提高学生的运动素养和身体素质。长期目标是指最终要实现的结果，如培养终身体育意识和良好的生活习惯，使学生具备自主锻炼和保持健康的能力。

制定体育教学目标需要考虑多方面的因素，包括学生的年龄、身体条件、心理特点和兴趣爱好等。目标的设定应具有科学性、可行性和激励性，既要符合教育规律，又要具有挑战性，能够激发学生的学习动力和兴趣。

3.体育教学任务

体育教学任务是为了实现体育教学目的和目标所要完成的具体工作和责任，它是体育教学活动的具体实施内容，是对教师和学生提出的具体要求。

体育教学任务包括多个方面的内容。首先，体育教师需要根据教学目标设计和组织教学活动，包括选择和安排教学内容、制订教学计划和方案、组织课堂教学和课外活动等。其次，教师需要对学生进行指导和评价，帮助他们掌握运动技能，提升身体素质，培养良好的体育习惯和态度。最后，体育教师还需要进行教学研究和创新，不断改进教学方法和手段，提高教学质量和效果。

在完成体育教学任务的过程中，教师需要关注学生的个体差异，因材施教，针对不同学生的特点和需求，采取不同的教学策略和方法。同时，教师还需要注重学生的安全，防止运动损伤，确保学生在安全、健康的环境中进行体育活动。

（二）体育教学目的、体育教学目标、体育教学任务三者之间的关系

体育教学的目的、目标和任务三者之间是相互联系、相互依存的。

1.目的与目标的关系

体育教学目的是整体的、宏观的指导思想，决定了体育教学的基本方向和价值取向。体育教学目标是体育教学目的的具体化，是为了实现这一目的在各个阶段设定的具体成果。可以说，各个阶段体育教学目标的总和就是最终的体育教学目标，最终的体育教学目标是体育教学目的的实现标志。体育教学目的是对体育教学活动的总要求，具有普遍的指导意义。体育教学目标是对特定阶段、特定范围内的教学活动提出的具体要求。例如，某一学期的教学目标只是整个体育教学过程中的一部分，但却是为实现整体的体育教学目的服务的。体育教学目的具有较强的稳定性，是基于社会的意志和客观要求制定的，不易改变。体育教学目标具有一定的灵活性，体现了体育教学活动的具体要求，可以根据具体情况进行调整。

2.任务与目标的关系

体育教学任务和体育教学目标在实现过程中存在密切关系，两者又有明显区别。体育教学任务是为了实现体育教学目标所要完成的具体工作和责任，强调的是"做什么"。体育教学目标是这些工作的预期成果，强调的是"达到什么样的结果"。体育教学任务是具体的、可操作的，涉及教学过程中要做的具

体工作，如制订教学计划、组织教学活动、评估学生表现等。体育教学目标相对抽象，是对这些具体工作的预期结果，如学生应该掌握的技能、达到的体能标准等。体育教学任务主要是教师的工作和责任，是教师在教学过程中要完成的具体任务。体育教学目标不仅是教师的责任，也是学生的学习目标，学生需要在教师的指导下，通过自己的努力实现这些目标。

3.目的与任务的关系

体育教学目的是最终的指导思想，体育教学任务是实现这一思想的具体途径和手段。

体育教学目的是指导体育教学任务的方向，决定教学任务的设定，体育教学任务是实现体育教学目的的具体步骤和实施内容。可以说，体育教学任务是为实现体育教学目的而设立的具体工作。体育教学目的是全局性的，是对整个体育教学过程的总体要求，体育教学任务是局部性的，是在不同阶段为实现总体要求而设定的具体工作。体育教学目的是宏观的，涵盖了体育教育的总体方向和价值观，体育教学任务是微观的，具体到每一个教学环节、每一个教学活动。

综上所述，体育教学目的、体育教学目标和体育教学任务三者之间是相互联系、相互依存的。体育教学目的是最高层次的指导思想，决定了整个体育教学的方向和价值取向。体育教学目标是这一目的的具体化，是各个阶段要实现的具体成果。体育教学任务则是为实现这些目标和目的所要完成的具体工作和责任。三者共同构成了一个有机整体，确保体育教学的科学性、系统性和有效性。在实际教学过程中，体育教师需要充分理解和把握三者之间的关系，在设定教学目标时，必须依据教学目的，结合学生的实际情况，制定具体、可行的目标，并通过具体的教学任务来实现这些目标。

二、高校体育教学的目标

（一）总体目标

高校体育教学的总体目标，是通过科学、系统的体育教学和实践活动，增强学生的身体素质，提升心理健康水平，培养良好的社会适应能力并提升体育素养和运动技能，最终实现学生的全面发展。

1.增强学生的身体素质

随着生活方式的改变和学业压力的增大，许多大学生的身体素质逐年下降，亚健康状态普遍存在。高校体育教学通过组织丰富多样的体育活动和科学合理的锻炼计划，学生能够在运动中增强体质，改善体能，提升心肺功能和肌肉力量，从而预防和减少疾病的发生，促进身体的健康发展。

2.提升学生的心理健康水平

体育活动不仅能够强身健体，还能有效缓解压力，调节情绪，增强自信心和意志力。在体育锻炼中，学生通过克服困难、挑战自我，可以培养积极乐观的心态和坚强的意志品质，改善心理状态，预防和缓解焦虑、抑郁等心理问题，提高心理健康水平。

3.培养学生的社会适应能力

现代社会需要学生具备团队合作和人际交往能力，体育活动正是培养这些能力的有效途径之一。通过参与各种体育活动，学生可以增强团队合作精神，学会与他人沟通、合作，培养规则意识和纪律性。这不仅有助于提高学生的社交能力，也为他们未来的职业发展打下坚实基础。

4.提升学生的体育素养和运动技能

高校体育教学不仅要让学生参与运动，还要让他们掌握科学的锻炼方法和基本的运动技能，了解体育科学知识，培养终身体育的意识。通过系统的体育教学，学生不仅能够在大学期间养成良好的运动习惯，还能在毕业后继续保持这种习惯，拥有健康的生活方式。

（二）培养目标

为了实现高校体育教学的总体目标，具体的培养目标可以分为身体健康目标、心理健康目标、社会适应目标和认知目标四个方面。

1.身体健康目标

高校体育教学旨在通过科学的体育锻炼和合理的运动计划，增强学生的体质，提高他们的身体素质。具体包括：增强心肺功能，提高耐力、力量、柔韧性和协调性；预防和减少各种常见疾病，如肥胖、高血压、糖尿病等；改善体形和体姿，增强自信心和身体形象；培养学生的运动兴趣和爱好，使他们养成良好的运动习惯，并在日常生活中坚持锻炼，实现健康生活。

2.心理健康目标

体育锻炼不仅对身体有益，还对心理健康有显著的促进作用。通过进行体育活动，学生可以有效缓解学习和生活中的压力，调节情绪，增强自信心和自我效能感。同时，体育锻炼也可以锻炼学生的意志力，使他们在面对挑战和困难时能够积极应对，保持乐观向上的心态。此外，体育活动更能促进学生的心理平衡，预防和缓解焦虑、抑郁等心理问题，提高心理健康水平。

3.社会适应目标

高校体育教学通过组织各种团队合作和竞技类的体育活动，培养学生的团队合作精神和社会交往能力。具体包括：增强团队合作意识，使学生在体育活动中学会与他人沟通、合作，共同完成任务；培养规则意识和纪律性，使学生学会尊重规则、遵守纪律，增强责任感和集体荣誉感；提高学生的社交能力，帮助他们在体育活动中结交朋友，扩大社交圈，增强人际交往能力；培养学生的竞争意识和拼搏精神，增强他们在竞争环境中的适应能力。

4.认知目标

高校体育教学不仅要让学生参与运动，更要让他们掌握科学的体育知识和运动技能。具体包括：普及体育科学知识，使学生了解运动生理学、运动营养学、运动心理学等方面的基本知识；提升运动技能，使学生掌握各种基本的运动技巧和方法，能够科学合理地进行锻炼；培养自我管理能力，使学生学会制订合理的运动计划，并能够科学地评估自己的锻炼效果和身体状况；培养学生的终身体育意识，使他们在毕业后能够继续保持积极的锻炼习惯，拥有健康的生活方式。

三、高校体育教学的任务

高校体育教学任务是为了实现体育教学的目标和目的所要完成的工作和责任，是体育教学活动的具体实施内容，也是对教师和学生提出的具体要求。总体来说，高校体育教学任务包括以下几个方面：

（一）设计和组织教学活动

1.选择和安排教学内容

体育教师需要根据教学目标选择和安排适合的教学内容。教学内容应涵盖基本运动技能、专项运动技巧、体育理论知识等，确保学生通过体育课程得到全面的发展。例如，在基础课程中，可以安排篮球、足球、田径等常规体育项目；在选修课程中，可以设置瑜伽、太极拳等不同类型的运动项目，满足学生的多样化需求。

2.制订教学计划和方案

教师需要根据教学内容制订详细的教学计划和方案，包括学期计划、单元计划、课时计划等，确保教学活动有序进行。在制订教学计划时，应考虑学生的年龄、性别、身体素质和兴趣爱好，科学合理地安排教学进度和内容。例如，可以在开学时进行体能测试，根据测试结果调整教学计划，使之更具针对性和实效性。

3.组织课堂教学

课堂教学是高校体育教学的核心环节，教师需要根据教学计划组织和实施课堂教学活动。在课堂教学中，应采用多样化的教学方法和手段，如示范、讲解、练习、比赛等，确保学生能够积极参与、乐于学习。教师还应关注学生的个体差异，进行分层教学，确保每个学生都能在原有基础上有所提高。

4.组织课外活动

课外活动是课堂教学的重要补充，有助于丰富学生的体育生活，激发他们的运动兴趣。教师可以组织各种形式的课外体育活动，如体育比赛、运动会、社团活动等，鼓励学生积极参与。例如，定期举办篮球赛、足球赛、田径运动会等，让学生在比赛中体验运动的乐趣，培养团队合作精神和竞争意识。

（二）指导和评价学生

1.技能指导

教师在教学过程中需要对学生进行个性化的技能指导，帮助他们掌握正确的运动技能和方法。对于基础较差的学生，教师应给予更多的关注和辅导；对于有特长的学生，教师应进行有针对性的训练，进一步提升他们的技能水平。例如，在篮球教学中，教师可以根据学生的不同水平安排不同的练习内容，逐步提高学生的篮球技能。

2.提升身体素质

体育教学的一项重要任务是提升学生的身体素质。教师应根据学生的体能状况制订合理的锻炼计划，指导他们进行有针对性的身体素质训练。通过系统的体能训练，增强学生的心肺功能、肌肉力量、柔韧性和协调性，提高其整体身体素质。例如，可以在教学中安排耐力跑、力量训练、柔韧性练习等内容，使学生的身体素质得到全面提升。

3. 培养良好的体育习惯和态度

体育教学不仅要传授运动技能，还要培养学生良好的体育习惯和态度。教师应在教学中注重对学生进行体育精神和品德教育，培养他们积极参与体育锻炼的习惯和健康的生活态度。例如，可以通过讲解体育名人的励志故事、组织团队合作的体育活动，培养学生的团队精神、规则意识和拼搏精神。

4. 评价学生表现

科学的评价是教学过程中不可或缺的一部分。教师应建立合理的评价体系，通过多种方式对学生的体育表现进行评价。评价内容应包括运动技能、体能状况、参与态度和团队合作精神等方面。通过定期测试、比赛成绩、课堂表现等进行综合评价，及时反馈给学生，帮助他们了解自己的进步和不足，激励他们不断进步。

（三）教学研究和创新

1. 教学研究

为了不断提升教学质量，体育教师应积极进行教学研究，探索和总结有效的教学方法和策略。例如，可以通过观察和记录学生的学习过程，分析教学效果，寻找改进的方向；可以与其他教师交流经验，借鉴先进的教学理念和方法，提高教学水平。

2. 教学创新

在教学实践中，教师应不断创新教学方法和手段，增强教学的趣味性和实效性。例如，可以结合现代信息技术，运用多媒体、虚拟现实等手段进行教学；可以设计游戏化的教学活动，激发学生的参与热情；可以引入新的运动项目和练习方式，使教学内容更加丰富多彩。

3. 教学资源开发

教师还应积极开发和利用各种教学资源，为教学提供有力支持。例如，可以编写教学辅导材料、制作教学视频、建立体育教学网站等；可以与社会体育机构合作，组织学生参加社会体育活动，拓宽学生的体育视野，增强他们的实践能力。

第三节 高校体育教学的原则

一、健康原则

健康原则意味着教学的核心目标是提高学生的整体健康水平，包括生理健康、心理健康和社会适应能力的提升。因此，无论是在确定教学内容、选编教材，还是选择教学方法和运用教学手段时，都需要贯彻这一原则。

以往的体育教学主要偏向生物医学角度，强调身体的发展和体质的增强。然而，随着社会的不断发展和人们对健康认识的提高，这种单一的生物健康观显得过于狭隘。现代体育教学需要从心理学、社会学和生物学等多个角度来全面认识和实践。体育教育不仅是为了增强学生的体质，更需要关注他们的心理健康，促进身心协调和全面发展。

起初，人们对健康的理解主要集中在生理方面，认为健康意味着身体健康、正常发育、无疾病，这种观点被称为生物健康观。随着时间的推移，人们逐渐意识到心理健康同样至关重要。健康不仅包括身体的正常功能和无疾病状态，还应包括良好的精神状态和情绪管理能力。因此，现代健康观不仅强调生理健康，还注重心理健康，提倡身心的全面发展。随着时代的发展，人们进一步认识到，单一的生理和心理健康观仍然不足以全面定义健康状态，社会因素也需要纳入健康观的范畴，如个人的社会适应能力、合作能力和集体意识等。这种全面的健康观被称为三维健康观，强调生理、心理和社会三个方面的健康相互依存、相互促进。世界卫生组织的健康定义也基于这一健康观，强调健康不只是没有疾病或不虚弱，更是生理、心理和社会适应三方面均处于良好状态。

体育教育是促进高校学生健康发展的重要手段。高校必须坚定树立健康原则，承担起提升学生健康水平的责任。然而，受应试教育导向的影响，教育教学规律和学生身心发展规律长期被忽视，体育教育和健康教育在某些时期未能得到应有的重视。受自然教育、技术教育、体质教育和竞技教育等观念的影响，高校体育教育偏离了其核心方向，即增强体质和促进身心健康。

健康原则不仅是高校体育教育的出发点，更是其最终目标，是评价高校体育成效的基本标准。高校体育的根本任务是培养身体健康、体魄健壮的学生，这一目标应贯穿体育教育的各个阶段。实现学生体质的明显改善，提高新时代国家建设者和保卫者的身体素质，都离不开健康原则的支撑。它不仅是实现这些目标的理论前提，更是对整个高校体育体系提出的基本要求。全国各高校汇聚了未来社会的中流砥柱，他们的健康体魄必须在高校里得到稳定的提升。高校体育作为保障学生拥有强健身体的有效手段，承载着重要使命。

高校体育的目标与健康原则有着必然的一致性。健康不仅包括身体的健康，也包括心理的和谐发展，这与体育教育的根本目标是一致的。因此，高校体育教学既是为了提高学生的身体素质，也是为了促进他们身心健康的全面发展。在这个过程中，健康原则扮演着关键的角色，引领高校体育的发展方向，确保学生在体育教育中获得全面的成长与发展。

二、以学生为主体原则

在体育教学中，以学生为主体原则是一个核心理念，意味着学生在整个教学过程中扮演着关键角色。教师的行为和活动应围绕学生的需求和特点进行，学生在教师的引导下能够积极主动地参与学习活动，充分发挥独立性、主动性和创造性。

以学生为主体原则的理论基础源自马克思主义关于人的全面发展学说。马克思强调人的全面发展，批判了资本主义社会只重视体力而忽视脑力和才能的片面发展。全面发展的人是指个人才能与兴趣得到多方面发展，个人价值与尊严得到充分体现，主体地位得到充分确立的人。因此，主体性教育成为人全面发展的核心。主体性的发挥程度越大，个体的自由度越高，自我控制能力越强，其自主性、主动性和创造性就能得到更充分的展现。因此，学生主体性的发挥是学生全面发展的基础和前提，没有主体性的发展，学生的全面发展就无法实现。

以学生为主体原则是实现素质教育的根本保证，也是素质教育的核心。相较于应试教育，素质教育强调全体性、全面性和主体性，旨在培养具有创新意识和自主精神的新一代青年。素质教育是一项全方位的社会性基础教育改革，它涵盖了发展教育、保障教育权利、改革教育理念、改革教育管理以及改革教育的方法与内容等方面，是一项庞大的系统工程。素质教育的根本目的在于挖掘每个人的潜能，创造多样化的发展机会，培养有主动精神和创新意识的新一代青年。因此，素质教育对主体性教学原则提出了"必须要实践"的要求，主体性教育是素质教育的核心体现。

当前的教学改革趋势是朝着主体性教学方向发展的，重点在于激发学生的主动性、积极性和创造性，培养具有个性和能力的学生。在体育教学中，学生是教学活动的主要方面，所有的教学活动都应该围绕着学生的需求和特点展开。尤其是在运动实践中，只有让学生主动参与、自主学习，才能真正培养他们的兴趣，使他们掌握运动技能。

在体育教学中应以学生为主体的原则，不仅是教学活动的指导思想，更是教育教学改革的重要方向。只有充分尊重和发挥学生的主体作用，才能更好地实现素质教育的目标，培养出更加优秀、有活力的新一代青年。

在具体实践中，教师应关注学生的个体差异，了解他们的需求和兴趣，并根据这些信息来设计和组织教学活动。只有这样，才能激发学生的学习热情，使他们愿意主动参与到体育活动中来。鼓励学生自主学习，给予他们充分的空间和机会去探索和尝试。通过自主学习，学生可以更好地理解和掌握运动技能，并在学习过程中培养自信心和解决问题的能力。努力营造良好的学习氛围，使学生感到被尊重和支持，这有助于增强学生的自我效能感，使他们更加愿意积极参与到体育活动中来。在教学过程中，教师应及时给予学生反馈和支持，帮助他们发现和改进自己的不足。通过有效的反馈，学生可以不断提升自己的运动技能，并在此过程中获得成就感和满足感。

三、理论与实践相结合原则

在体育教学中，理论与实践相结合原则是不可或缺的核心理念。它强调理论知识与实际操作的有机结合，旨在通过科学的教学方法和策略，使学生在掌握运动技能的同时，理解其背后的理论基础。这个原则不仅有助于提高教学效果，还能全面提升学生的综合素质。

理论与实践相结合的意义在于提升教学效果、促进综合素质发展和增强学生学习兴趣。理论知识为实践提供指导，帮助学生理解和掌握运动技能的科学原理。实践则是理论的具体应用，使学生能够在真实情境中验证和巩固所学理论。通过理论与实践的结合，学生不仅能够掌握运动技能，还能培养科学的思维方式和分析问题、解决问题的能力，这对他们未来的发展具有重要意义。单纯的理论教学可能会让学生感到枯燥乏味，而实践教学则能增强学生的兴趣和参与度。通过将理论与实践有机结合，能够更好地调动学生的积极性，使他们更愿意参与到体育学习中来。

在体育教学中，教师应合理设计课程内容、灵活运用教学方法、组织多样化的实践活动，注重反馈与评估，以确保理论与实践的有效结合。课程内容应包括理论知识和实践活动两部分，并且两者要有机结合。教师应根据学生的实际情况，设计出既有理论指导又有实践操作的教学内容。在教学过程中，教师应灵活运用多种教学方法，如讲解、示范、练习、讨论等，使理论知识和实践操作相辅相成。例如，在讲解运动技能时，可以通过视频示范、动作分解等方法，让学生更直观地理解和掌握动作要领。实践活动是理论知识的具体应用，应尽可能多样化。教师可以组织各种形式的体育比赛、技能展示、团队合作活动等，让学生在实际操作中锻炼和提升自己的运动技能。在理论与实践相结合的教学过程中，教师应及时给予学生反馈，帮助他们发现问题并加以改进，同时，通过科学的评估手段，对学生的学习进行全面评价。

四、创新原则

创新是指在已有成果基础上进行新的发现、发明或创造，不断超越前人的过程。创新教育是一种以开发探索精神和创造素质为基本价值取向的教育形式。通过独特的教学方式，创新教育能够激发人们的创造潜力，培养和强化创新精神和能力，最终达到启发智慧的目标。这种教育形式不仅符合时代要求和人才成长规律，而且是实现素质教育的最佳尝试和培养顶尖人才的最佳手段。

创新的过程是为了适应和推进社会发展而创造出新思想、新理论、新方法、新技艺、新手段及新的物态的过程。科学技术是社会发展的第一生产力，科学的本质就是创新。创新是一个国家进步的灵魂，是推动国家兴旺发达的不竭动力。当今科技日新月异，国际竞争日益激烈，竞争的核心是人才的竞争，是民族创新能力的竞争。

然而，我国现有的教育体制在很大程度上仍然属于应试教育，传统的教学方法、机制和模式限制了学生的个性发展，抑制了学生的想象力和创造力，这导致培养学生探究能力和创新能力的教育目标难以实现，是我国传统教育的主要弊端之一。要解决这一问题，就需要推动教育体制改革，倡导创新教育理念，鼓励教师采用灵活多样的教学方法，激发学生的创造力和探究精神。此外，也需要加强对教师的培训，提高他们的教学水平和创新意识，从而更好地促进学生的全面发展和创新能力的培养，以应对日益激烈的国际竞争和社会发展的挑战。

在体育教学中，创新原则的应用强调了教师应该注重调动学生学习的主动性和积极性，激发他们的创新动机，树立创新意识，培养创造性思维和创新精神，使学生能够主动、愉快、创造性地获取知识，促进个性的自由发展，释放最大潜能。体育学习必须通过身体的实践活动来完成，而创新又离不开实践。创新是一种学习过程，对于体育学科来说，创新也是一种运用过程。体育运动中涉及的身体素质包括力量、速度、耐力、灵敏和柔韧等几大类，不同的运动项目和动作技能实际上就是这几种素质的重新组合。体育运动过程具有多种情境性，动作技能的运用会根据外界环境和条件的变化而变化，以适应运动的实际需要。根据灵感来应对环境变化的动作技能往往被视为创造性技能，这种技能常常给人带来新颖的感觉和美的享受，也是体育运动的魅力所在。

体育作为一门交叉学科，涉及的知识面非常广泛。在创新教育中，体育不仅能够利用其他学科的知识来丰富和发展自身，为体育的创新提供广阔的空间，同时也能够为其他学科的创新教育提供宽广的知识基础。体育创新者通过他们的创新方式和成就，增加了在团体和社会中的影响力、号召力和地位，进而推动社会的进步和发展。

创新原则在体育教学中可以通过多种方式实现。教师应鼓励学生提出自己的想法和建议，尝试新的运动方式和技术。例如，在篮球教学中，除了教授常规的运球、投篮技巧，教师可以引导学生探索新的战术和配合方式，使他们在实际比赛中能够灵活应对不同的情况。通过这种方式，学生不仅能够掌握基础技能，还能培养应变能力和创新意识。体育教师可以利用现代科技手段，如视频分析、运动监测设备等，帮助学生更直观地理解和改进自己的运动技能。例如，通过视频回放，学生可以清晰地看到自己在动作中的不足，从而进行有针对性的改进。这种方式不仅提高了教学效果，也使学生能够更主动地参与到学习过程中。

为了更好地促进创新原则在体育教学中的应用，高校和教育机构应提供必要的支持和资源。例如，定期开展教师培训，提高教师的专业水平和创新意识；建立创新实验室或运动实践基地，提供丰富的实践机会和资源支持；鼓励和资助教师和学生参与各类体育创新项目和比赛，激发他们的创新热情和潜力。

五、因材施教的教学原则

因材施教原则的核心理念是根据学生的个体差异和特点，量体裁衣地进行教学，以达到最佳的教学效果。这一原则在体育教学中的应用尤为重要，因为每个学生都是独特的个体，拥有不同的身体素质、兴趣爱好、学习能力和学习方式。教师在教学过程中应充分尊重这些个体差异，通过个性化的教学方法，激发学生的潜能，促进其全面发展。

首先，尊重学生的个体差异是因材施教的基础。每个学生在身体素质、运动天赋和兴趣爱好上存在显著差异。教师在设计教学计划时，应充分考虑这些差异，避免一刀切的教学模式。例如，在选择运动项目时，教师应根据学生的体能水平和兴趣爱好，提供多样化的运动选择，让每个学生都能找到适合自己的运动方式。对于一些身体素质较好的学生，可以安排更具挑战性的项目，如田径、篮球等；对于身体素质稍弱的学生，则可以选择相对柔和的项目，如瑜伽、太极等。通过这种方式，学生能够在自己感兴趣的运动项目中找到乐趣，从而更积极地参与体育活动。

其次，注重学生的个性化发展是因材施教的核心目标。每个学生都有自己独特的个性和发展方向，高校应为他们提供个性化的成长环境和教育资源。在体育教学中，教师应充分了解学生的个性特点和需求，根据个人发展目标和兴趣爱好进行个性化的教学设计。例如，对于喜欢团体运动的学生，可以组织集体活动或团队比赛，培养其合作精神和团队意识；对于喜欢个人挑战的学生，则可以设计个性化的训练计划，帮助其在个人技能上取得突破。通过帮助学生个性化发展，可以激发学生的学习兴趣和动力，提高其学习效果和满意度。

最后，分层分类教学是因材施教原则的重要手段。分层分类教学是根据学生的学习水平和能力，将他们分成不同的层次或类别进行教学，以确保每个学生都能够在适合自己水平的教学环境中得到收获。在体育教学中，可以根据学生的体能水平、技能掌握程度或兴趣特长等因素进行分层分类，为不同层次的学生提供相应水平的教学内容和教学活动。例如，对于体能较强的学生，可以设置更高难度的训练项目和挑战性比赛，而对于体能较弱的学生，则可以采取更为温和的训练方法和辅助性训练器材。通过分层分类实施教学，可以更好地满足学生的学习需求，提高教学效果和个人发展水平。

在具体实践中，因材施教原则在体育教学中的应用还需要注重以下几个方面。首先，教师应积极收集和分析学生的各类信息，如体能测试结果、兴趣调查问卷、日常观察记录等，以全面了解学生的个体差异和需求。其次，教师应不断学习和掌握多样化的教学方法和手段，并灵活运用在教学实践中。例如，可以采用小组合作学习、个别辅导、自主探究等多种教学形式，以适应不同学生的学习风格和需求。最后，教师还应注重教学过程中的反馈与调整，根据学生的反应和表现，及时调整教学策略和内容，确保教学的有效性和针对性。

在体育教学中，因材施教原则的应用不仅有助于提高学生的学习效果和运动技能水平，还能增强学生的自信心和成就感，促进身心的健康发展。通过尊重学生的个体差异，注重个性化发展，实施分层分类教学，教师可以更好地激发学生的运动兴趣和潜能，培养其自主学习和终身体育的意识，为其未来的健康生活奠定坚实的基础。

六、终身体育原则

保罗·朗格让在《终身教育导论》中指出，如果只将体育教育视为学校阶段的附属品，学生成年后就可能失去体育活动的机会。他认为，将体育仅仅视为学校阶段的事情，会导致体育在教育中的地位被边缘化。随着我国社会主义市场经济体制的不断完善和经济社会的持续发展，人们的生活水平和文化素养不断提高，工作时间缩短，闲暇时间增多，体育活动成为人们生活中不可或缺的重要内容。因此，将终身体育作为教育的指导思想，不仅有助于培养人们的身体素质和健康意识，也符合社会发展的趋势，为个体的全面发展和社会的进步提供了有力支持。

终身体育的发展需要根据个体的生命周期来划分和确定体育教育的内容。根据人体活动的演变规律，人生可以大致分为三个阶段：生长发育期、成熟期和衰退期。在生长发育期，从胎儿到青年期（0—25岁）体育教育的主要目标是促进正常和健康的生长发育；在成熟期（26—45岁）着重于保持精力充沛和体力旺盛；在衰退期（46岁以上），则强调延缓衰退、延长工作年限，保持健康长寿。

学校体育作为终身体育的重要组成部分，是其基础和延续。理解这种教育衔接关系对于完成学校体育赋予的任务、提高学生的终身体育能力至关重要。随着现代科技的高速发展，生产方式和生活方式发生巨大变革，传统的生产方式转向机械化、自动化、智能化方向，人们在生产中的体力活动逐渐被现代技术取代，而脑力劳动逐渐增加，导致脑体发展不平衡的现象日益突出，文明病和体质下降问题随之而来。人们越来越重视如何度过和享受余暇生活，这对学校体育教学提出迫切要求。现代化社会的发展要求学校体育教学要培养学生在各种环境下独立进行体育锻炼的习惯和能力，以适应现代化的生产和生活方式。因此，培养学生进行终身体育锻炼的态度、意识、习惯和能力成为一项具有时代特征的重要任务。

培养终身体育意识的原则旨在引导学生树立正确的体育观念，养成良好的体育锻炼习惯，并掌握基本的锻炼方法，使体育活动成为他们生活的一部分。树立正确的体育价值观是培养终身体育意识的基础，学生需要理解体育不仅是为了锻炼身体，更是一种生活态度和健康管理的重要手段。他们应该认识到体育运动对身心健康的积极影响，以及体育锻炼对提高生活质量、增强社交能力和塑造良好品格的重要性。通过持续、规律的体育锻炼，学生可以逐渐形成良好的生活习惯，使体育活动成为他们生活的一部分。

教师在培养学生的终身体育意识时，应采取多种方式。一方面，定期安排体育课程，鼓励学生参加课外体育活动，并制订个性化的锻炼计划，帮助学生养成良好的体育锻炼习惯。另一方面，教授学生基本的锻炼方法，使他们了解不同类型体育锻炼对身体的影响，学会选择适合自己的锻炼方式，并掌握正确的锻炼方法和注意事项。终身体育不仅有助于个体的健康和幸福，也为社会的进步和发展提供了坚实的基础。

第二章 高校传统体育教学方法

第一节 讲解示范法

一、讲解示范法的定义与特点

（一）讲解示范法的定义

在体育教学中，讲解示范法具体指教师通过语言的描述和身体的动作示范，将复杂的运动技能分解成简单易懂的动作，并逐步展示给学生，不仅包括技术动作的示范，还包括对动作原理、要领、注意事项等的详细讲解。这种方法可以让学生通过视觉和听觉，更加全面和准确地理解、掌握所学的运动技能。

（二）讲解示范法的主要特点

1. 直观性

讲解示范法最大的特点是直观性。体育教学不同于其他学科，对动作的要求非常高，很多技能仅靠语言描述是难以传达清楚的。通过动作示范，学生可以直观地看到标准的动作姿势和技术要领，这对于初学者来说特别重要。教师的示范能够帮助学生了解正确的动作技巧，从而在模仿和练习中更快地掌握技能。

2. 系统性

讲解示范法具有很强的系统性。教师在进行讲解示范时，通常会按照一定的逻辑顺序和教学步骤，逐步进行。这种系统性的讲解和示范，有助于学生理解动作的结构和内在联系，从而形成完整的动作概念。系统性的教学还能帮助学生分阶段、分步骤地掌握复杂的运动技能，避免因为动作难度过大产生挫败感。

3. 针对性

讲解示范法的另一特点是针对性。教师在讲解示范时，可以根据学生的实际情况和具体需求，有针对性地进行调整。例如，对于动作要领掌握不好的学生，可以多次重复示范和讲解；对于已经掌握基本动作的学生，可以讲解更高难度的技巧和要领。有针对性地讲解示范，能够更好地满足学生的个性化学习需求，提高教学效果。

（三）讲解与示范的关系

讲解和示范虽然是讲解示范法的两个重要组成部分，但它们在教学中的作用和使用方法上有所不同。讲解，主要是通过语言描述向学生传达运动技能的原理、要领和注意事项，目的是帮助学生理解所学的理论内容，建立起对动作的初步概念；示范，是通过教师的身体动作直接展示标准的运动技能和动作姿势，目的是让学生通过观察，直观地感受动作的具体形式和要求，从而在模仿中更好地掌握技能。

在实际教学中，讲解和示范往往是结合使用的。教师可以在讲解之前进行示范，让学生先对动作有整体的直观感受，然后再通过详细的讲解，帮助学生理解动作的原理和要领。讲解和示范相辅相成，结合使用可以使教学更加全面和高效。具体而言，教师可以先进行一次完整的示范，让学生对动作有整体把握，然后分步骤进行讲解和示范，将复杂的动作分解成多个简单的动作，对每个动作进行详细的讲解和示范，最后再进行一次完整的示范，让学生在理解和练习的基础上，进一步巩固和提升所学的技能。在讲解和示范的应用过程中，教师需要注意的是，讲解要简明扼要，重点突出，示范要规范标准，动作准确。只有这样，才能真正发挥讲解示范法的优势，提高体育教学的效果。

二、讲解示范法的应用步骤

讲解示范法在高校体育教学中的应用需要经过准备、实施、反馈与调整三个主要阶段。每个阶段都需要精心设计和实施，确保教学效果最大化。

（一）准备阶段

准备阶段是讲解示范法应用的基础，这一阶段的工作直接影响后续教学的效果。在这一阶段，教师需要做好教学内容的分析、学生特点的把握及讲解和示范的设计。

1. 教学内容分析

教学内容分析是准备阶段的首要任务。教师需要对所教授的运动技能进行全面的了解和分析，明确教学目标和内容重点。具体来说，教师需要确定本次课程的具体教学目标，包括技术技能的掌握、体能的提升及运动习惯的培养等。将复杂的运动技能分解成若干个步骤或环节，明确每个步骤的技术要领和难点。识别学生在学习过程中可能遇到的困难和问题，制定相应的解决方案。

2.学生特点把握

了解学生的特点是制定有效教学方案的重要前提。教师需要掌握学生的身体素质、技术水平、学习能力和兴趣爱好等信息，以便在教学过程中有针对性地进行讲解和示范。通过问卷调查、访谈等方式了解学生的基本情况和学习需求。在日常教学中注意观察学生的运动表现和学习态度，积累相关信息。根据学生的不同特点和需求，制定有针对性的教学策略，确保每个学生都能得到有效的指导和帮助。

3.讲解和示范的设计

讲解和示范的设计是准备阶段的核心任务。教师需要根据教学内容和学生特点，精心设计讲解和示范的具体方案，确保教学过程有序且高效。教师要确定讲解的重点和难点，设计简明扼要的讲解词，避免冗长和复杂的解释。根据教学内容分解示范动作，确保每个动作的示范都规范、准确。示范动作要与讲解内容相对应，使学生能够清晰理解和掌握。确定讲解和示范的顺序，确保各环节衔接流畅，为学生提供清晰的学习路径。

（二）实施阶段

1.引入

引入的目的是激发学生的学习兴趣，明确学习目标和任务。教师可以通过以下方式进行引入：设定与教学内容相关的情境，引发学生的兴趣和思考。例如，在讲授篮球基本技术时，可以设定一个比赛情境，吸引学生的注意力，并向学生说明本次课程的学习目标和任务，让学生对即将学习的内容有初步的了解。通过有趣的故事、实际案例或互动游戏等方式，激发学生的学习兴趣，调动他们的积极性。

2.讲解顺序和讲解重点

讲解的顺序和重点是实施阶段的核心内容。教师需要按照预定的讲解方案，逐步进行讲解，确保学生能够全面理解和掌握教学内容。按照预先设计的教学步骤，进行逐步讲解，每个步骤的讲解要简明扼要，突出重点和难点。在讲解过程中，教师要反复强调技术要领和动作要点，帮助学生形成清晰的动作概念。

通过实际示例和具体讲解，帮助学生理解抽象的技术原理和动作要领。例如，在讲解投篮技术时，可以结合实际比赛中的投篮动作进行讲解。在讲解过程中，教师可以通过提问与学生互动，了解学生的理解情况，及时调整讲解的内容和方式。

3.示范技巧和注意事项

示范是讲解示范法的关键环节，教师需要通过准确的示范动作，让学生直观地了解和掌握技术要领。教师在示范时要注意动作的规范和准确，避免错误示范和不规范动作。示范动作要与讲解内容相对应，确保学生能够理解。对于复杂的动作，教师可以分步骤进行示范，对每个步骤都要进行详细展示和解释，帮助学生逐步掌握技能。对于难度较大的动作，教师可以重复示范，强化学生的记忆和理解。示范时要注意节奏的控制，避免动作过快或过慢，恰当的节奏有助于学生更好地观察和模仿。

4.学生观察和模仿

观察和模仿是学生学习运动技能的关键。教师需要引导学生积极观察和模仿示范动作，并进行有效的指导和反馈。教师要引导学生认真观察示范动作，注意动作的细节和要领。可以通过提问和讨论的方式，帮助学生深入理解示范内容。在观察示范后，教师要组织学生进行模仿练习。模仿练习要按照预定的步骤进行，逐步提高动作的难度和复杂性。学生在模仿练习的过程中，教师要进行个别指导，及时纠正学生的错误动作，提供具体的指导和建议，也可以组织学生进行小组合作练习，通过互相观察和反馈，提高学习效果。

（三）反馈与调整阶段

反馈与调整阶段是确保教学效果的重要环节。教师需要通过及时纠正和指导、学生实践和反馈及教学方法的动态调整，不断优化教学过程，提升教学质量。

学生在模仿练习的过程中，教师要及时进行纠正和指导，确保学生能够掌握正确的动作和技术要领。教师要密切观察学生的练习表现，发现问题及时纠正。例如，在发现学生动作不规范或技术要领掌握不到位时，教师要立即进行纠正和指导。对于动作出错较多或掌握动作缓慢的学生，教师要进行个别指导，提供具体的改进建议和练习方法，通过再次示范正确动作，帮助学生纠正错误，提高动作的准确性和规范性。

学生的实践和反馈是教学效果的重要评估依据。教师需要通过学生的实际表现和反馈，不断调整和优化教学方法。可以通过组织实践活动，如小组练习、比赛或模拟训练等，检验学生的学习效果；通过问卷调查、访谈或课堂讨论等方式，收集学生对教学内容和方法的反馈意见，了解学生的学习感受和需求。教师应对收集到的反馈信息进行分析，找出教学中的问题和不足，制定相应的改进措施。

根据学生的实际表现和反馈，教师需要对教学方法进行动态调整，不断优化教学过程，提高教学效果。根据学生的学习情况，调整教学的难度和重点，确保教学内容的适宜性和有效性；针对教学中的问题和不足，要及时改进和创新教学方法，提高教学的趣味性和实效性；例如，可以通过引入新颖的教学手段或增加互动环节，提升学生的学习积极性和参与度。教师要保持学习和反思的习惯，不断总结教学经验，学习和借鉴先进的教学理念和方法，提升自身的教学水平和能力。

三、讲解示范法在高校体育教学中的优缺点

（一）优点

讲解示范法作为一种常用的体育教学方法，具有许多明显的优点，能够显著提高教学效果和学生的学习体验。首先，讲解示范法能够提高学生的学习效率。体育教学中许多技能和动作需要通过直观的方式传授，教师的示范可以让学生更快地掌握技能，通过详细的讲解，学生能够理解动作的原理和细节，加深对所学内容的理解，从而提高学习效率。其次，讲解示范法能够激发学生的学习兴趣。教师通过生动讲解和示范，可以吸引学生的注意力，激发他们的学习兴趣。特别是对于一些具有挑战性的运动技能，教师通过示范，可以让学生看到动作的美感和力量，从而激发他们的练习欲望和兴趣。同时，通过讲解和示范，教师可以将理论知识与实践相结合，使教学内容更加丰富和有趣，增强学生的学习动力。再次，讲解示范法有助于学生准确掌握技能。体育技能的学习需要准确的动作示范和详细的讲解，通过教师的示范，学生可以直观地看到标准动作，从而在模仿中掌握技能的要领和细节。同时，通过讲解，学生能够理解动作的理论基础和技术原理，从而在练习中自觉地纠正自己的错误动作，促进技能的准确掌握。最后，讲解示范法特别适合大班教学。在高校体育教学中，班级规模通常较大，通过讲解示范法，教师可以有效地向全体学生传授知

识和技能。通过集中的讲解和示范，教师可以在短时间内向所有学生传达知识，提高教学效率；通过集体示范和讲解，学生可以互相观摩和学习，形成良好的学习氛围，有助于提高整体的教学效果。

（二）缺点

尽管讲解示范法具有许多优点，但它也存在一些明显的缺点，需要在实际教学中加以克服和改进。讲解示范法可能影响学生的创造性。在体育教学中，学生的创造性和自主性是非常重要的，但讲解示范法通常是由教师主导的，学生在学习过程中往往被动接受知识和技能，缺乏自主探索和创新的机会。教师的示范虽然能够提供标准的动作范例，但如果过于强调模仿，可能会抑制学生的创造性，导致学生缺乏个性化的运动表现。讲解示范法可能忽视个体差异。学生的身体素质、运动能力和学习风格各不相同，但讲解示范法通常是针对整个班级进行的，难以充分考虑学生的个体差异。在实际教学中，教师的讲解和示范可能无法满足所有学生的需求，特别是那些动作掌握较慢或有特殊需求的学生，可能难以跟上教学进度，从而影响学习效果。讲解示范法对教师的示范水平有较高的依赖。教师的示范水平直接影响学生的学习效果，如果教师的示范动作不够规范或讲解不够清晰，学生可能会形成错误的动作概念，导致技能的掌握不准确。同时，教师的示范水平也受自身运动能力和教学经验的限制，如果教师在某些技能上不够熟练，可能难以提供高质量的示范和讲解，影响教学效果。

（三）改进缺点的策略

为改进讲解示范法的缺点，提高教学效果，教师可以采取多种策略。首先，与其他教学方法相结合是有效的改进措施。在实际教学中，教师可以将讲解示范法与探究式学习、合作学习等其他教学方法相结合。例如，通过设置问题和任务，引导学生进行自主探索和讨论，促进创造性思维和自主学习能力的发展。同时，通过小组合作和互助学习，学生可以互相观察和指导，共同提高技能水平。其次，提高学生的参与感也是改进讲解示范法缺点的重要策略。教师可以通过设计互动环节，增加学生的参与度，使他们在学习过程中更加主动和积极。例如，在示范和讲解之后，教师可以组织学生进行小组讨论和练习，通过互相交流和反馈，帮助学生加深对所学内容的理解和掌握。同时，教师可以鼓励学生提出问题和意见，根据学生的反馈及时调整教学内容和方法，提高教学的针对性和有效性。最后，融入个性化指导是解决讲解示范法忽视个体差异问题的关键。教师可以根据学生的不同特点和需求，提供有针对性的个别指导和帮助。例如，对于动作掌握较慢的学生，教师可以安排更多的练习时间和个别辅导，帮助他们克服困难，提高技能水平；对于有特殊需求的学生，教师可以根据他们的具体情况，设计个性化的教学方案，确保他们能够得到有效的指导和支持。

总之，讲解示范法在高校体育教学中具有显著的优点，可以提高学习效率、激发学习兴趣、促进技能准确掌握，并适合大班教学。然而，这种方法也存在一些缺点，可能限制学生的创造性、忽视个体差异，并依赖教师的示范水平。为改进这些缺点，教师可以结合其他教学方法，提高学生的参与感，融入个性化指导，不断优化教学过程，提高教学效果。通过综合运用多种教学策略，教师可以在实际教学中充分发挥讲解示范法的优势，克服其不足，提升学生的学习体验和技能水平。

第二节　练习比赛法

一、练习比赛法的概念与类型

（一）练习比赛法的定义

练习比赛法是指在高校体育教学中，通过模拟实际比赛或竞赛形式，将练习和比赛结合起来的一种教学方法。这种方法旨在通过模拟真实比赛情境，使学生在真实或接近真实的比赛环境中进行练习，从而提高他们的运动技能、战术运用能力和综合素质。练习比赛法不仅注重技术的学习与掌握，还强调战术的运用和团队合作精神的培养，最终达到提高学生综合运动能力和竞技水平的目的。

（二）练习比赛法的主要类型

1. 技能练习型比赛

技能练习型比赛主要侧重于运动技能的练习和提高。这类比赛形式的设计主要是为了让学生在比赛情境中反复练习某些特定的技术动作或技能要点。例如，在篮球教学中，可以设置一对一的带球突破和防守练习，通过模拟比赛中的实际情况，让学生在对抗中提高自己的技术水平。技能练习型比赛的特点是比赛情境简单，主要目的是反复练习和巩固技术，通过实际操作来加强学生对技术动作的掌握和应用。

2. 战术运用型比赛

战术运用型比赛侧重于战术的学习和运用。这类比赛形式主要是通过模拟比赛中的战术情境，训练学生的战术意识和执行能力。例如，在足球教学中，可以设置攻防转换的战术练习，通过模拟比赛中的攻防转换情境，让学生在实际操作中理解和掌握战术的运用。战术运用型比赛的特点是比赛情境复杂，注重团队合作和战术执行，通过比赛来提高学生的战术意识和团队合作能力。

3. 综合能力型比赛

综合能力型比赛注重提高学生的综合运动能力，涵盖技能、战术、体能等多个方面。这类比赛形式主要是通过全场比赛或多项运动项目的综合比拼，全面提升学生的运动素质。例如，在田径教学中，可以设置多项比赛，通过多个田径项目的综合比拼，训练学生的综合运动能力。综合能力型比赛的特点是比赛内容丰富，注重全面素质的培养，通过多样化的比赛形式来全面提高学生的运动能力和竞技水平。

（三）练习与比赛的关系

通过系统的练习，学生能够掌握各种运动技能和技术要领，为比赛中的实际应用打下坚实的基础。练习可以提高学生的技术水平，使他们在比赛中能够更加自如地运用各种技术动作，发挥出更高的竞技水平。同时，练习可以帮助学生提高身体素质和运动能力，为比赛中的高强度对抗和持久战斗做好准备。通过科学的体能训练和技术练习，学生能够在比赛中保持良好的竞技状态和体能水平，从而在比赛中发挥出最佳水平。

通过比赛，学生能够在实际情境中检验自己的练习成果，发现自己的不足和需要改进的地方，从而在后续的练习中进行有针对性的改进和提高。比赛能够激发学生的竞争意识和动力，使他们在练习中更加努力和专注。同时，比赛能够提供真实的对抗和压力环境，使学生在高压和紧张的情境中提高自己的应变能力和心理素质。通过比赛，学生能够在实际操作中提升自己的运动技能和战术意识，进一步巩固和提高练习效果。

总之，练习比赛法作为一种有效的体育教学方法，通过将练习和比赛结合起来，能够有效地提高学生的运动技能、战术运用能力和综合素质。在实际教学中，教师应根据学生的具体情况和教学目标，灵活运用不同类型的练习比赛法，不断优化教学过程，提高教学效果。通过科学合理的练习和比赛安排，学生能够在真实的比赛情境中全面提升自己的运动能力，达到预期的教学目标。

二、练习比赛法的组织与实施

练习比赛法在高校体育教学中的组织与实施是一个系统的过程，涵盖了准备阶段、实施阶段及总结与反馈阶段。每个阶段的细致准备和科学管理都是确保教学效果和提高学生综合素质的关键。

（一）准备阶段

准备阶段是练习比赛法实施的基础，这一阶段的任务包括确定教学目标、设计比赛规则及进行分组和场地安排。

1. 教学目标的确定

教师需要根据课程大纲和学生的实际情况，明确练习比赛的具体目标。教学目标通常包括技能的掌握与提高、战术的运用与理解、团队合作精神的培养及综合运动能力的提升。例如，在篮球课中，教学目标可能包括提高学生的运球和传球技术，理解和应用基本的进攻和防守战术，以及增强团队合作和沟通能力。明确的教学目标不仅可以指导教师的教学过程，还能让学生了解练习比赛的重点和方向，从而在练习中有的放矢。

2. 比赛规则的设计

教师需要根据教学目标和实际情况，设计科学合理的比赛规则。比赛规则应包括比赛的形式、时间、评分标准、奖惩机制等内容。例如，在一场足球比赛中，可以规定比赛时间为 30 分钟，上下半场各 15 分钟，进球数最多的一方获胜，比赛中出现犯规的处理办法等。设计合理的比赛规则不仅可以确保比赛的公平性和秩序性，还能激发学生的竞争意识和参与热情。此外，比赛规则应简明易懂，便于学生理解和遵守，避免复杂烦琐，影响比赛的顺利进行。

3. 分组和场地安排

根据学生人数和场地情况，合理分组和安排场地。分组应考虑学生的技术水平、身体素质和学习能力，尽量做到均衡合理，确保每组都有一定的竞争力和合作性。场地安排则要根据比赛项目的特点和要求，确保场地的安全性和适用性。例如，在篮球比赛中，应选择标准的篮球场，并确保场地平整无障碍物，以免发生安全事故。在分组和场地安排过程中，教师还应考虑学生的意见和建议，增强学生的参与感和认同感。

（二）实施阶段

1. 练习环节的设置

要根据教学目标和比赛要求，设计科学合理的练习环节，帮助学生在比赛前掌握必要的技能和战术。例如，在足球比赛前，教师可以设置传球、射门、防守等技术练习环节，以及攻防转换、角球战术等战术练习环节。练习环节的设置应由简到繁、由易到难，逐步提高学生的技术水平和战术意识。此外，教师应注重练习的趣味性和多样性，通过游戏和竞赛等方式激发学生的兴趣和参与热情，提高练习的效果。

2. 比赛的组织和进行

根据比赛规则和场地安排，有序组织比赛，并确保比赛的公平性和安全性。比赛开始前，教师应对比赛规则和要求进行简要说明，确保每个学生都了解比赛的具体安排和要求。比赛过程中，教师应密切关注比赛进程，及时处理比赛中的争议和突发情况，确保比赛的公平和顺利进行。注意学生的安全，避免发生伤害事故，如遇特殊情况，应及时采取措施，确保学生的安全和健康。通过鼓励和表扬，激发学生的竞争意识和团队精神，激发他们的比赛热情和积极性。

3. 教师的指导和调控

在比赛过程中，教师的指导和调控是确保比赛效果的重要保障。教师需要根据学生的表现，进行适时的指导和调控，帮助学生在比赛中不断提高和进步。

在比赛过程中，教师应随时关注学生的表现，及时进行技术和战术指导，帮助学生纠正错误和改进不足。例如，对于技术动作不规范的学生，教师可以在比赛暂停时进行示范和讲解，帮助学生掌握正确的动作要领；对于表现特别突出或存在明显问题的学生，教师可以进行个别辅导，提供有针对性的建议和帮助。通过个别辅导，教师可以更好地满足学生的个性化需求，促进他们的进步和发展。根据比赛进程和学生的状态，教师可以适时调整比赛节奏，维持比赛的激烈程度和学生的参与度。例如，在比赛强度过大时，教师可以安排适当的休息和调整，避免学生因过度疲劳影响比赛状态。

（三）总结与反馈阶段

总结与反馈阶段是练习比赛法的重要环节，通过比赛结果的分析、技战术表现的点评及学生自我评估和互评，教师可以全面评估教学效果，总结经验和不足，为后续教学提供参考和改进建议。

1. 比赛结果的分析

比赛结束后，教师应对比赛结果进行全面分析。比赛结果不仅包括胜负，还应包括学生的技术水平、战术运用和团队合作等方面的表现。通过对比赛结果进行分析，教师可以了解学生的实际水平和存在的问题，为后续教学提供依据。例如，对于在比赛中表现突出的学生，教师应表扬和鼓励，激发他们继续努力和进步；对于存在明显问题的学生，教师应进行有针对性的指导，帮助他们改进和提高。

2. 技战术表现的点评

技战术表现的点评是总结与反馈阶段的重要内容。教师应根据比赛中学生的表现，进行详细的技战术点评，帮助学生总结经验和教训，提高他们的技战术水平。技战术点评应包括以下内容：

（1）技术动作的点评

对学生的技术动作进行点评，指出他们的优点和不足，帮助他们掌握正确的技术要领。例如，点评传球技术时，教师可以指出学生的传球力度和方向的优缺点，帮助他们改进传球技巧。

（2）战术运用的点评

对学生的战术运用进行点评，分析他们在比赛中的战术选择和执行情况，帮助他们提高战术意识和运用能力。例如，点评防守战术时，教师可以分析学生的防守位置和配合情况，帮助他们提高防守效果。

（3）团队合作情况的点评

对学生的团队合作情况进行点评，强调团队精神和合作的重要性，帮助学生增强团队意识和合作能力。例如，点评团队配合时，教师可以指出学生在比赛中的配合和沟通情况，帮助他们提高团队协作能力。

3. 学生自我评估和互评

学生自我评估和互评是总结与反馈阶段的重要环节，通过自我评估和互评，学生可以反思自己的表现，了解自己的优点和不足，进一步提高学习效果。

应引导学生进行自我评估，总结自己在比赛中的表现，反思自己的优点和不足。通过自我评估，学生可以提高自我认识和反思能力，明确自己的改进方向。还应组织学生进行互评，让学生之间相互评价和交流，分享经验，提出建议。通过互评，学生可以了解他人的观点和看法，取长补短，促进共同进步。教师还可以组织学生进行反馈交流，鼓励学生提出问题和建议，讨论比赛中的经验和教训。通过反馈交流，学生可以深入交流和学习，增强团队意识和合作能力。

三、练习比赛法在学生能力培养方面的作用

练习比赛法作为一种在高校体育教学中广泛应用的教学方法，不仅有助于提高学生的运动技能和战术水平，还在增强心理素质、培养团队协作能力及激发创新思维等方面发挥了重要作用。通过系统的组织和实施，练习比赛法能够全面提升学生的综合能力。

（一）提升技能与战术能力

练习比赛法将实际比赛情境引入课堂，使学生能够在接近真实的环境中反复练习和应用所学技能。通过比赛，学生能够将平时练习的技能应用到实战中，进行实际操作和检验。例如，在篮球教学中，通过比赛，学生可以在实际对抗中应用运球、传球、投篮等技术动作，提高动作的准确性和流畅性。比赛的实战环境不仅提供了技术练习的机会，还增强了学生对不同比赛情境的适应能力，使他们能够在各种复杂的比赛条件下灵活运用所学技能。

练习比赛法在战术思维的培养方面也具有显著作用。通过模拟实际比赛情境，学生不仅要掌握个人技术，还需要理解和运用各种战术。这种实际的战术运用训练，有助于学生掌握战术的基本原理和具体应用，提高他们的战术意识和思维能力。例如，在足球比赛中，学生需要在比赛过程中进行攻防转换、配合进攻和防守，通过不断的实战演练，逐步形成系统的战术思维，提高对战术的理解和应用能力。

（二）增强心理素质

练习比赛法通过模拟真实的比赛情境，能够有效增强学生的竞争意识。在比赛过程中，学生需要面对竞争对手，争取胜利，这种竞争环境能够激发他们的斗志和拼搏精神。例如，在田径比赛中，通过与同伴的竞争，激发自己的潜

能，努力超越自我。这种竞争意识的培养，不仅有助于提高学生的体育竞技水平，还能够激励他们在学习和生活中勇于挑战，追求卓越。

比赛情境往往伴随着压力和紧张，练习比赛法能够帮助学生提高应对压力的能力。在比赛过程中，学生需要面对比赛的压力和紧张情绪，保持冷静和专注，发挥出最佳水平。例如，在篮球比赛的关键时刻，学生需要顶住压力，做出快速、正确的决策。通过反复的比赛练习，学生能够逐步适应比赛压力，提高心理承受能力和应变能力。这种压力应对能力的培养，对于学生未来面对各种挑战和困难具有重要意义。

（三）培养团队协作能力

练习比赛法强调团队协作，学生在比赛过程中需要与队友进行有效的沟通和配合。这种团队协作训练，有助于提高学生的沟通能力和配合意识。例如，在排球比赛中，学生需要通过语言、动作或眼神的沟通，与队友协调配合，共同完成进攻和防守任务。通过比赛的实际操作，学生能够在团队协作中提高沟通技巧，增强配合能力，学会如何在团队中发挥自己的作用。

练习比赛法不仅注重个人技能的提升，还强调团队精神的培养。在比赛过程中，学生需要与队友紧密合作，共同应对比赛中的各种挑战，体现出团队精神和集体荣誉感。例如，在足球比赛中，团队的胜利需要每个队员的努力和配合，通过共同的奋斗和拼搏，学生能够深刻体会到团队协作的重要性，增强集体意识和责任感。这种团队精神的培养，对于学生未来的学习、工作和生活具有重要的促进作用。

（四）激发创新思维

比赛情境中的不确定性和变化性，要求学生在实际操作中不断思考和创新。例如，在篮球比赛中，学生需要根据对手的情况和比赛的进程，灵活调整战术，创新进攻和防守策略。这种实际的战术创新训练，有助于培养学生的创造性思维和灵活应变能力，使他们在面对复杂情况时能够快速做出有效决策。

练习比赛法通过实际比赛情境，能够有效提高学生的问题解决能力。在比赛过程中，学生需要不断分析和解决遇到的问题，这种实际操作训练，有助于提高分析问题和解决问题的能力。例如，在羽毛球比赛中，学生需要根据对手的打法和比赛情况，迅速调整自己的策略，解决遇到的问题。通过不断的比赛训练，学生能够逐步提高自己的问题解决能力，增强应对各种挑战和困难的能力。

四、练习比赛法在不同体育项目中的运用

练习比赛法作为一种有效的体育教学方法，适用于各种不同类型的体育项目，其灵活性和实效性使得它在球类运动、田径运动、体操类运动以及武术与搏击类运动中都能发挥显著作用。下面将详细探讨练习比赛法在这些体育项目中的具体运用。

（一）球类运动中的应用

球类运动包括篮球、足球、排球、乒乓球等多种项目，练习比赛法在这些项目中的应用具有广泛的适用性和显著的效果。

在篮球教学中，练习比赛法可以通过模拟比赛情境，训练学生的运球、传球、投篮、防守等基本技能。例如，教师可以组织学生进行小组对抗赛，分组进行半场或全场比赛，通过比赛中的实际对抗，让学生在实践中提高技术水平和战术意识。此外，通过设计不同的比赛规则，如限制传球次数、增加防守压力等，可以有针对性地提高学生的技术能力和战术素养。

在足球教学中，练习比赛法同样能发挥重要作用。通过小场地比赛、五人制或七人制比赛等形式，学生能够在紧凑的比赛环境中练习传接球、射门、防守等技能。比赛的实际操作能够增强学生的团队合作精神和战术理解能力。教师可以根据教学目标和学生水平，调整比赛的难度和形式，使学生在不断变化的比赛情境中获得全面发展。

在排球教学中，练习比赛法可以通过分组比赛、轮换位置等形式，提高学生的传球、扣球、拦网等技术能力。通过实际比赛，学生能够更好地理解和运用排球的战术，如进攻战术、防守战术和阵形安排等。比赛中的实际操作能够提高学生的反应速度、协调能力和团队合作精神，促进综合素质的发展。

在乒乓球教学中，练习比赛法可以通过单打、双打比赛等形式，提高学生的击球技术和战术运用能力。通过比赛，学生能够在实际对抗中练习发球、接发球、拉球、削球等技术动作，提高技术的准确性和熟练度。比赛情境能够激发学生的竞争意识和练习热情，促进他们不断进步和提升。

（二）田径运动中的应用

田径运动包括跑步、跳跃、投掷等多个项目，练习比赛法在这些项目中的

应用主要通过模拟真实比赛情境，丰富学生的实战经验并提升他们的竞技水平。

在跑步教学中，练习比赛法可以通过模拟正式比赛，如短跑、中长跑、接力赛等形式，训练学生的起跑、加速、冲刺等技术能力。比赛情境能够增强学生的竞争意识和抗压能力，提高他们在比赛中的运动表现。通过实际比赛，学生能够更好地掌握跑步的技术要领和战术安排，提高运动成绩。

针对跳跃项目如跳高、跳远等，练习比赛法可以通过模拟比赛和竞赛形式，提高学生的技术水平和心理素质。例如，在跳高教学中，教师可以组织学生进行跳高比赛，模拟正式比赛的规则和程序，让学生在实际操作中练习起跳、过杆等技术动作。比赛的实际情境能够帮助学生提高动作的准确性和协调性，增强他们的信心和心理素质。

针对投掷项目如铅球、标枪等，练习比赛法可以通过模拟比赛和竞赛形式，提高学生的投掷技术和比赛能力。通过实际比赛，学生能够在实战中练习投掷的技术动作，如握持、助跑、投掷等，提高技术的熟练度和准确性。比赛情境能够激发学生的竞争意识和练习动力，促进他们不断进步和提升。

（三）体操类运动中的应用

体操类运动包括竞技体操、艺术体操等项目，练习比赛法在这些项目中的应用主要通过模拟真实比赛情境，丰富学生的实战经验和表现能力。

在竞技体操教学中，练习比赛法可以通过模拟比赛和展示形式，提高学生的技术水平和表现能力。例如，在自由体操教学中，教师可以组织学生进行模拟比赛，按照正式比赛的规则和程序，让学生在实际操作中练习动作的编排和技术表现。比赛的实际情境能够帮助学生提高动作的流畅性和协调性，增强他们的表现能力和自信心。

在艺术体操教学中，练习比赛法可以通过模拟比赛和展示形式，提高学生的技术水平和艺术表现能力。例如，在带操、圈操等项目的教学中，教师可以组织学生进行模拟比赛，按照正式比赛的规则和程序，让学生在实际操作中练习动作的编排和艺术表现。比赛的实际情境能够帮助学生提高动作的美感和表现力，增强他们的艺术表现能力和自信心。

（四）武术与搏击类运动中的应用

武术与搏击类运动包括武术、跆拳道、拳击等项目，练习比赛法在这些项目中的应用主要通过模拟实战和对抗情境，增强学生的实战经验和技能水平。

在武术教学中，练习比赛法可以通过模拟比赛和对抗练习，提高学生的技术水平和实战能力。例如，在套路教学中，教师可以组织学生进行模拟比赛，按照正式比赛的规则和程序，让学生在实际操作中练习动作的连贯性和表现力。比赛的实际情境能够帮助学生提高动作的准确性和协调性，增强他们的实战能力和信心。

在跆拳道教学中，练习比赛法可以通过模拟实战和对抗练习，提高学生的技术水平和实战能力。例如，在对抗训练中，教师可以组织学生进行模拟比赛，按照正式比赛的规则和程序，让学生在实际操作中练习攻防技术和战术运用。比赛的实际情境能够帮助学生掌握动作的速度和力量，增强他们的实战能力和心理素质。

在拳击教学中，练习比赛法可以通过模拟实战和对抗练习，提高学生的技术水平和实战能力。例如，在对抗训练中，教师可以组织学生进行模拟比赛，按照正式比赛的规则和程序，让学生在实际操作中练习拳法、步法和防守技术。比赛的实际情境能够帮助学生提高动作的准确性和协调性，增强他们的实战能力和抗压能力。

总之，练习比赛法在不同体育项目中的应用，能够有效提高学生的技术水平、战术意识、心理素质和团队合作能力。通过科学合理的组织和实施，练习比赛法可以为学生提供丰富的实战经验和多样化的训练情境，全面提升他们的综合素质和竞技水平。

第三节　游戏法

一、游戏法在体育教学中的定义与意义

（一）游戏法的定义

游戏法是指在体育教学中，通过组织各种形式的游戏活动，使学生在轻松愉快的氛围中进行体育锻炼和技能学习的一种教学方法。这种方法强调趣味性和互动性，通过游戏的形式激发学生的运动兴趣，促进他们在游戏中学习和掌握各种体育技能。游戏法不仅能够提高学生的参与度和积极性，还能通过有趣的活动增强学生的身体素质和团队合作精神。

（二）游戏法的特点

游戏法最显著的特点是趣味性。体育游戏通常设计得富有趣味，能够吸引学生的注意力并激发学习兴趣。例如，在篮球教学中，可以通过设计抢球、传球接力等有趣的游戏环节，让学生在欢乐的氛围中进行技能练习。趣味性的游戏能够减少学生对体育训练的抵触情绪，使他们更加乐于参与体育活动，从而提高教学效果。

游戏法强调参与性。在游戏过程中，每个学生都有机会参与到活动中，体验体育运动的乐趣。教师在设计游戏时，要考虑所有学生的参与度，确保每个学生都能积极参与到游戏中。例如，在足球教学中，可以设计小组比赛或趣味竞赛，让每个学生都能参与到游戏中，享受运动的乐趣。参与性的特点不仅能够增强学生的运动体验，还能培养他们的团队合作精神和集体荣誉感。

游戏法还具有竞争性，通过比赛和竞赛的形式，激发学生的竞争意识和动力。在游戏过程中，学生需要与同伴竞争，争取胜利，这种竞争环境能够激发他们的斗志和拼搏精神。例如，在田径教学中，可以设计短跑接力赛或跳远比赛，让学生在竞争中提高自己的运动能力。竞争性的特点不仅能够提高学生的运动水平，还能培养他们的竞争意识和积极向上的精神。

（二）游戏法在体育教学中的意义

1.提高学习兴趣

传统的体育教学方法往往较为枯燥，容易让学生产生厌倦情绪，而游戏法通过有趣的游戏活动，能够吸引学生的注意力。例如，在篮球教学中，通过设计抢球游戏或投篮比赛，能够使学生在愉快的氛围中进行技能练习，提高他们的参与积极性。提高学习兴趣不仅有助于学生更好地参与体育活动，还能增强他们对体育课的喜爱和热情。

2.缓解学习压力

在现代教学中，学生面临着较大的学习压力，体育课作为一种身心放松的途径，具有重要的调节作用。通过游戏法，学生可以在轻松愉快的游戏中释放压力，缓解紧张的学习情绪。例如，在体操教学中，通过设计趣味性较强的游戏活动，让学生在欢乐的氛围中运动，能够有效缓解他们的学习压力，提高心理健康水平。缓解学习压力不仅有助于学生的身心健康，还能提高他们的学习效率和整体素质。

3.促进体育技能的掌握

通过游戏活动,学生可以在愉快的氛围中练习技能,提高他们对技术动作的兴趣和专注度。例如,在游泳教学中,通过设计水上接力赛或水中篮球等游戏活动,让学生在游戏中练习游泳技术,提高他们的技术水平。游戏活动中的重复练习和实际操作,有助于学生在潜移默化中掌握各种体育技能,提高他们的运动能力和技术水平。

在实际教学中,教师应根据不同的教学内容和学生特点,灵活运用游戏法,设计多样化的游戏活动,不断优化教学过程,提高教学效果。通过游戏法的有效运用,学生不仅能够在体育课上享受到运动的乐趣,还能在愉快的氛围中提高身体素质和运动能力,实现全面发展。

二、游戏法的设计原则

游戏法作为一种有效的体育教学方法,其设计必须遵循一系列科学合理的原则,以确保游戏的教育效果和安全性。

(一)目标性原则

游戏法的设计必须符合教学目标。这意味着设计每个游戏活动都应该明确其教学意图,无论是提高某项技能、增强某种体能,还是培养学生的团队合作精神。例如,在篮球教学中,应该明确设计的游戏是为了提高运球、传球或投篮技术,帮助学生在实际比赛中应用所学技能。明确的教学目标有助于指导游戏的设计和实施,使其有的放矢,真正服务于教学任务。游戏法的设计还需具有针对性,针对学生在某项技能或体能方面的具体需求进行设计。例如,如果学生的柔韧性较差,教师可以设计趣味性的柔韧性训练游戏,通过有针对性的练习,逐步提高学生的柔韧性和协调性。针对性设计不仅提高了教学的有效性,还能更好地满足学生的个性化需求,促进他们的全面发展。

(二)趣味性原则

具有趣味的游戏能激发学生的兴趣和参与热情,使他们在愉快的氛围中进行体育锻炼。例如,设计与日常生活或学生兴趣爱好相关的游戏内容,如模拟某种运动场景或设置富有挑战性的游戏任务,能够有效吸引学生的注意力,增强他们的参与积极性。

创新游戏规则能够提高游戏的趣味性和新鲜感,避免学生对重复性活动产生厌倦。例如，可以在传统的传球练习中加入新的规则，如限定传球次数、增加障碍物或设置奖励机制，使学生在游戏中不断面临新的挑战，从而保持高涨的兴趣和积极性。创新性的游戏规则还能培养学生的应变能力和创造性思维，提高他们的综合素质。

（三）安全性原则

安全是游戏法设计的重要原则。教师在设计游戏时，必须充分考虑场地和设备的安全性，确保学生在游戏过程中不会受到伤害。例如，确保运动场地平整、无障碍物，使用安全可靠的运动器材，为学生提供必要的保护装备。特别是在进行一些高强度或对抗性较强的游戏时，更应严格遵守安全规定，防止意外事故的发生。应适当控制游戏的强度，避免学生因过度运动导致疲劳或受伤。教师应根据学生的体能水平和游戏的具体情况，合理安排游戏的强度和时间。例如，在高强度的跑步游戏后，可以安排一些低强度的放松活动，让学生的身体得到充分的休息和恢复。适当控制游戏强度不仅有助于学生的身体健康，还能提高他们的运动效果和学习效率。

（四）适应性原则

游戏法的设计应充分考虑学生的年龄特点，确保游戏内容和形式适合不同年龄段学生的需求。例如，对于低年级学生，可以设计简单有趣、动作较少的游戏；对于高年级学生，则可以设计复杂、有挑战性的游戏，以适应他们较强的运动能力和理解能力。考虑学生的年龄特点，能够更好地满足不同年龄段学生的需求，提高游戏的教学效果。游戏的设计还应适应学生的体能水平，确保每个学生都能在自己的能力范围内参与游戏并从中受益。教师应根据学生的实际体能状况，设计不同强度和难度的游戏，使每个学生都能找到适合自己的运动方式。例如，对于体能较弱的学生，可以设计低强度、简单易行的游戏；对于体能较强的学生，则可以设计高强度、有挑战性的游戏，促进他们的体能发展。

（五）综合性原则

游戏法的设计应注重结合多种体育技能，促进学生综合能力的提高。例如，在设计接力赛游戏时，可以将跑步、跳跃、投掷等多种技能结合在一起，使学生能够在一个游戏中练习和提高多种体育技能。综合性的游戏设计不仅能丰富教学内容，还能培养学生的多项运动技能。通过多样化的游戏活动，教师可以在训练学生体育技能的同时，培养他们的团队合作精神、沟通能力和创新思维。例如，通过团队合作游戏，学生不仅能提高运动技能，还能增强团队意识和合作能力。通过设计需要思考来解决问题的游戏活动，学生还能培养自己的创新思维和问题解决能力。综合能力的提高，有助于学生在体育课上和未来生活中取得更好的发展。

三、游戏法在高校体育教学中的应用范围

游戏法在高校体育教学中的应用范围非常广泛，可以有效地融入教学的各个环节，从热身与准备、技能教学、体能训练到团队协作、战术思维能力培养和放松与总结各个方面。

（一）热身与准备环节的应用

在热身与准备环节，通过活跃气氛的游戏，教师可以有效调动学生的积极性和运动热情。例如，教师可以设计"抓尾巴"游戏，每个学生在背后插一条布条，其他学生需要在跑动中尝试抓取别人的布条。这种游戏不仅能让学生在短时间内活动身体，提升心率，还能在游戏中增进同学间的互动和交流，营造愉快的课堂氛围。

针对性热身游戏则根据即将进行的主要运动项目，设计一些特定的热身活动。例如，在篮球课前，教师可以组织学生进行"传球接力"游戏，让学生在跑动和传球中逐渐热身。通过这种有针对性的热身游戏，学生能够更好地活动相关肌肉和关节，为接下来的正式训练做准备。

（二）技能教学中的应用

在技能教学中，将基本动作技能游戏化可以提高学生的学习兴趣和练习效果。例如，教师在教授排球基本技术时，可以设计"传球接龙"游戏，学生排成一排依次传球，看哪一组能最快、最准确地将球传到最后一个同学手中。通过这种游戏化练习，学生能够在快乐的氛围中反复练习基本动作，逐步提高技术水平。

对于复杂技术动作，教师可以通过分解游戏进行逐步教学。例如，在教授足球中的过人技巧时，教师可以设计"过障碍赛"游戏，将过人动作分解成多个步骤，通过游戏逐步练习每个步骤，最后将这些步骤连贯起来进行综合练习。通过这种分解游戏，学生能够在逐步掌握复杂技术动作的同时，增强学习信心

• 43 •

和成就感。

（三）体能训练中的应用

在体能训练中，通过游戏设计可以有效培养学生的耐力。例如，教师可以组织学生进行"长跑接力"游戏，将学生分成若干小组，每组学生依次接力跑一段距离，最终看哪一组在规定时间内跑得最远。通过这种游戏，学生能够在竞争和合作中提高耐力，同时体验团队合作的乐趣。

针对力量和速度练习，教师可以设计一些相应的游戏训练。例如，在训练力量时，可以设计"拔河比赛"游戏，通过团队间的拔河比赛增强学生的力量和团队协作精神。在训练速度时，可以设计"短跑追逐"游戏，让学生在规定范围内进行短跑追逐，训练他们的速度和反应能力。这些游戏不仅能有效增强体能，还能激发学生的运动兴趣。

（四）团队协作和战术思维能力培养的应用

通过设计需要团队配合的游戏，教师可以增强学生的团队合作精神。例如，可以将学生分成若干小组进行"搬运比赛"游戏，每组负责搬运一定数量的物品到指定地点，通过团队合作看哪一组完成得最快。这种游戏不仅能提高学生的协调能力，还能增强团队意识和合作精神。

在培养战术思维方面，游戏法同样具有重要作用。教师可以设计一些模拟实际比赛情境的游戏活动，例如，在篮球教学中，设计"攻防对抗"游戏，通过小组间的攻防对抗，训练学生的战术思维和应变能力。通过这种游戏化的战术训练，学生能够在实际比赛中更好地理解和运用战术，提高整体竞技水平。

（五）放松与总结环节的应用

在体育课结束前，通过放松游戏可以有效缓解学生的疲劳，帮助他们放松身心。例如，"音乐放松"游戏可以让学生跟随轻松的音乐做一些简单的放松动作，如伸展、呼吸调节等，通过这种放松游戏，学生能够逐渐恢复体力，减轻运动后的疲劳感。

在总结环节，通过趣味问答游戏可以复习和巩固本节课的教学内容。例如，教师可以设计"知识抢答"游戏，提出一些关于本节课内容的问题，让学生以小组为单位进行抢答，回答正确的小组获得奖励。通过这种趣味问答游戏，学生能够在轻松愉快的氛围中复习和巩固所学知识，提高学习效果。

　　总之，游戏法在高校体育教学中的应用范围非常广泛，可以有效地融入教学的各个环节。通过科学合理的游戏设计，教师可以提高学生的参与积极性和学习效果。在实际教学中，教师应根据不同的教学内容和学生特点，灵活运用游戏法，不断优化教学过程，提高教学质量。通过游戏法的有效应用，学生不仅能够在体育课上享受到运动的乐趣，还能在轻松愉快的氛围中提高身体素质和运动能力，实现身心的全面发展。

第三章　现代高校体育教学方法

第一节　任务驱动教学法

一、任务驱动教学法概述

任务驱动教学法是一种以任务为核心，强调通过完成具体任务来实现教学目标的教学方法。这种方法源自建构主义学习理论，认为学生在完成任务的过程中，能够主动建构知识体系，发展思维能力和实践能力。在体育教学中，任务驱动教学法通过设计具体的运动任务和项目，激发学生的学习兴趣和参与积极性，使他们在完成任务的过程中掌握运动技能，增强体能，培养合作精神和竞争意识。

任务驱动教学法的理论基础主要包括建构主义学习理论和动机理论。建构主义学习理论认为，知识不是通过教师传授获得的，而是学习者在与环境、任务互动的过程中主动建构的。该理论强调学生的主体地位，认为学生应在真实的情境中，通过解决实际问题来获取知识和技能。这一理论为任务驱动教学法提供了坚实的理论支持，因为任务驱动教学法正是通过设计真实的任务情境，促进学生的主动学习和知识建构。

动机理论强调学习动机在学习过程中的重要作用。根据自我决定理论，学生的内在动机来源于对自主性、胜任感和关系感的需求。在任务驱动教学法中，通过设计有挑战性的任务、提供反馈和支持，学生的自主性和胜任感得到满足，从而激发他们的学习动机。此外，任务的完成往往需要团队合作，这种合作关系的建立也有助于增强学生的学习动机。

任务驱动教学法在体育教学中有以下几个显著特点：

首先，任务驱动教学法强调以任务为中心。教学活动围绕具体任务展开，学生通过完成任务来学习和掌握知识和技能。例如，在篮球教学中，教师可以设计"团队合作完成比赛"的任务，学生需要在比赛中练习运球、传球和投篮等技能，通过完成任务提高他们的技术水平和团队合作能力。

其次，任务驱动教学法注重学生的主动参与和自主学习。在这种教学方法中，学生不再是被动接受知识，而是任务的主导者和实践者。通过完成任务，学生能够积极参与学习过程，主动探索和解决问题。例如，在田径训练中，教师可以设计"制订和完成个人训练计划"的任务，学生需要根据自己的身体状况和训练目标，制订科学合理的训练计划，并通过实践不断调整和优化。

再次，任务驱动教学法强调真实情境的应用。任务通常设置在真实或模拟的情境中，使学生能够在接近实际的环境中学习和应用知识。例如，在游泳教学中，教师可以设计"模拟救生"的任务，学生需要在游泳池中模拟救援溺水者的情境，学习和练习救生技能。通过这种方式，学生不仅能够掌握技能，还能提高实际应用能力和应变能力。

从次，任务驱动教学法注重合作学习和发挥团队精神。许多任务需要学生通过合作来完成，团队成员之间需要相互配合，共同解决问题。这种合作学习的方式，不仅能够提高学生的学习效果，还能培养他们的团队合作精神和沟通能力。例如，在足球教学中，教师可以设计"团队战术演练"的任务，学生需要通过合作，制订并执行战术计划，提高战术意识和团队合作能力。

最后，任务驱动教学法强调反馈和评价。学生在完成任务的过程中，教师应及时给予反馈和指导，帮助他们发现和改进问题。同时，任务的完成情况也是评价学生学习效果的重要依据。通过科学的评价体系，学生能够了解自己的进步和不足，进一步激发他们的学习动力和改进动机。例如，在健身训练中，教师可以设计"体能测试和反馈"的任务，学生在完成一系列体能测试后，教师根据测试结果提供详细的反馈和改进建议。

二、任务驱动教学法的实施步骤

任务驱动教学法的实施步骤包括任务设计、任务分配、任务实施和任务评价。这些步骤环环相扣，确保任务驱动教学法能够有效应用于体育教学中，提高教学效果。

(一)任务设计

任务设计是任务驱动教学法的第一步，也是最关键的一步。教师需要根据教学目标和学生的实际情况，设计出具体、明确、有挑战性的任务。在进行任务设计时应考虑几个重要方面。首先，明确任务目标。任务目标应与教学目标一致，清晰地指出学生需要掌握的技能和知识。例如，在篮球教学中，任务目标可以是提高学生的运球、传球和投篮技能。其次，设置情境。任务应设置在一个真实或模拟的情境中，使学生能够在接近实际的环境中学习和应用知识。例如，在田径训练中，可以设置一个模拟比赛的情境，让学生在比赛中练习起跑、加速和冲刺技术。最后，任务内容应具有挑战性和趣味性。任务需要有挑战性，以激发学生的兴趣和积极性，同时也要有一定的趣味性，使学生在完成任务的过程中感到愉快和充实。例如，在游泳教学中，教师可以设计"追逐任务"，让学生分成两组相互追逐，练习游泳技巧和应变能力。

(二)任务分配

任务分配是任务设计后的重要环节。教师需要根据学生的能力和特点，将任务合理分配给每个学生或小组。在进行任务分配时应考虑以下几个因素。首先，任务的难易度和学生的能力相匹配。教师应根据学生的运动能力和技术水平，将适合的任务分配给他们，确保每个学生都有机会挑战自我，获得成功。例如，在篮球教学中，对于技术较好的学生，可以分配更复杂的战术任务，而对于初学者，可以分配基础的技术练习任务。其次，任务的分工与合作。在小组任务中，教师应明确各个成员的职责和分工，确保每个成员都有明确的任务和目标，促进团队合作。例如，在足球教学中，教师可以将球队分成前锋、中场和后卫小组，每个小组负责不同的训练任务，最终在比赛中进行合作。最后，任务的资源和支持。教师应确保学生在完成任务时能够获得必要的资源和支持，如提供相关的教材、器材和场地，并在需要时提供指导和帮助。

(三)任务实施

任务实施是学生在实际环境中完成任务的过程。在这一过程中，学生通过自主学习和实践，逐步掌握相关的技能和知识。在进行任务实施时应注意以下几个方面。首先，学生的自主性和积极性。教师应鼓励学生积极参与任务，自主探索和解决问题，提高他们的自主学习能力。例如，在田径训练中，学生可以根据自己的训练计划进行自主训练，并根据实际情况进行调整和改进。其次，教师的指导和反馈。在任务实施过程中，教师应及时观察学生的表现，提供必要的指导和反馈，帮助学生发现和改进问题。例如，在游泳教学中，教师可以观察学生的游泳动作，及时纠正错误姿势，并给予改进建议。最后，团队合作和互动。在小组任务中，学生应通过合作和互动，共同完成任务，提高团队合作能力和沟通能力。例如，在篮球比赛中，学生需要通过合作，制订战术计划，进行配合和协作，最终完成比赛任务。

（四）任务评价

任务评价是任务驱动教学法的最后一个环节。通过科学的评价体系，教师可以了解学生的学习效果和任务完成情况，进一步改进教学方法。任务评价应包括以下几个方面。首先，任务完成情况。教师应根据任务目标，评估学生任务完成的质量和效果。例如，在田径比赛中，教师可以通过记录学生的比赛成绩，评估他们的技术水平和体能状况。其次，学生的进步情况。教师应通过比较任务前后的表现，了解学生的学习进步和技能提高情况。例如，在游泳教学中，教师可以通过记录学生的游泳成绩和动作改进情况，评估他们的学习效果。最后，学生的反馈和反思。教师应通过问卷调查、访谈等方式，了解学生对任务的感受和反馈，总结任务实施的经验和教训。例如，在篮球教学中，教师可以通过与学生交流，了解他们对任务的看法和建议，进一步改进任务设计和实施策略。

通过任务设计、任务分配、任务实施和任务评价这四个环节，任务驱动教学法能够有效应用于体育教学中，激发学生的学习兴趣和参与积极性，提高教学效果和学生的综合素质。在实际教学中，教师应根据具体情况，不断调整和优化任务驱动教学法的实施步骤，确保教学目标的实现。

三、任务驱动教学法在高校体育教学中的具体应用

（一）体育理论课程中的应用

在高校体育理论课程中，任务驱动教学法能够有效激发学生的学习兴趣并加深学生对理论知识的理解程度。教师可以通过设计具体的任务，将理论知识与实际应用相结合。例如，在运动生理学课程中，教师可以设计任务，要求学生分析运动过程中身体各系统的变化情况。学生需要在课堂上学习相关理论知识，然后通过实际的体能测试和数据分析，完成任务报告。这种任务不仅帮助

学生掌握理论知识，还培养他们的数据分析能力和科研素养。

在体育管理课程中，教师可以设计模拟体育赛事策划和管理的任务。学生需要分组策划一项体育赛事，完成包括预算编制、场地安排、人员调度等方面的工作。通过完成这一任务，学生不仅能够理解体育管理的理论知识，还能获得实际操作的经验，提高他们的组织协调和团队合作能力。

（二）体育技能课程中的应用

在体育技能课程中，任务驱动教学法通过设计具体的运动任务，促进学生的技能掌握和体能提高。例如，在篮球课程中，教师可以设计"团队合作完成比赛"的任务。学生需要在团队中练习传球、运球、投篮和防守等基本技能，通过小组比赛的形式，增强团队合作精神和战术意识。在比赛过程中，教师可以进行实时指导和反馈，帮助学生不断改进技术动作和团队配合。在田径训练中，教师可以设计"制订和完成个人训练计划"的任务。学生根据自己的身体状况和训练目标，制订科学合理的训练计划，并通过实践不断调整和优化。在这一过程中，学生不仅提高了运动技能和体能水平，还培养了自我管理和规划能力。教师则通过观察和评估学生的训练效果，提供个性化的指导和支持，确保每个学生都能实现训练目标。

（三）体育竞赛中的应用

在体育竞赛中，任务驱动教学法可以通过设计具体的竞赛任务，提高学生的竞技水平和竞争意识。例如，在校内篮球联赛中，教师可以设计任务，要求各参赛队伍制定详细的比赛策略。学生需要根据对手的特点和自身的优势，制定出合理的比赛策略，并在比赛中实施和调整。这种任务不仅提高了学生的战术意识和应变能力，还增强了他们的团队合作精神和竞争意识。在田径比赛中，教师可以设计"全能选手挑战"的任务。学生需要在多个田径项目中进行训练和比赛，争取在综合成绩上取得优异表现。通过这种任务，学生不仅能够全面提高自己的运动技能，还能提高综合素质和竞争力。教师通过对学生比赛成绩的分析和反馈，帮助他们发现和改进不足，提高整体竞技水平。

（四）体育课外活动中的应用

在体育课外活动中，任务驱动教学法能够丰富学生的课外生活，增强他们的实践能力和社会责任感。例如，教师可以设计"社区体育推广"的任务，要求学生组织和策划一次社区体育活动。学生需要与社区居民沟通，了解他们的体育需求，制订活动计划，组织和实施具体的体育项目。通过这一任务，学生不仅提高了自己的组织协调能力，还增强了他们的社会责任感和实践能力。教师还可以设计"体育志愿服务"的任务，要求学生在校内外开展体育志愿服务活动。例如，学生可以在学校体育场馆担任志愿者，协助管理和维护场地，组织体育比赛和活动，或在社区和学校推广体育锻炼和健康生活方式。通过这些志愿服务活动，学生不仅能够实践所学的体育知识，还能增强他们的社会参与意识和服务精神。

四、任务驱动教学法的注意事项

（一）任务难度的把控

教师在设计任务时，应充分考虑学生的能力水平和学习进度，确保任务既具有挑战性，又不至于过于困难而导致学生产生挫败感。任务的难度应该逐步增加，循序渐进，使学生的能力在逐步解决问题中不断提高。例如，在设计篮球训练任务时，教师可以从基本的运球和传球练习开始，逐步增加对抗和战术训练，让学生在不断挑战中提升技能。同时，教师应根据学生的反馈和表现，及时调整任务难度，确保每个学生都能在适当的挑战中获得进步。

（二）教师角色的转变

在任务驱动教学法中，教师的角色从传统的知识传授者转变为引导者和支持者。教师不再是单纯地向学生传授知识，而是通过设计任务、提供资源和指导，帮助学生自主学习和解决问题。这种角色转变要求教师具备更高的专业素养和灵活的教学策略。教师需要在任务设计阶段精心策划，确保任务的科学性和合理性；在任务实施过程中，提供及时的指导和反馈，帮助学生克服困难；在任务评价阶段，客观公正地评估学生的表现，并提供有针对性的改进建议。教师的这种引导和支持，能够激发学生的学习兴趣和自主性，提高学习效果。

（三）学生个体差异的考虑

每个学生在身体素质、运动能力、学习风格和兴趣爱好等方面都有所不同。教师在设计和分配任务时，应充分考虑这些差异，确保每个学生都能在适合自己的任务中获得锻炼和成长。例如，在田径训练中，对于体能较好的学生，可以设计较高强度的训练任务，而对于体能较弱的学生，则可以设计强度适中的任务，确保每个学生都能在适当的负荷下进行训练。教师还可以通过分组合作的方式，让不同能力的学生进行合作，取长补短，共同完成任务。

（四）评价体系的完善

科学合理的评价体系不仅能客观反映学生的学习效果，还能激励学生不断进步。教师在设计评价体系时，应包括以下几个方面。首先，评价内容应全面覆盖任务目标，既包括技能和知识的掌握情况，也包括学生的学习态度、合作精神和创新能力的培养。其次，评价方式应多样化，结合自评、互评和教师评价，全面反映学生的表现。例如，在完成一项团队任务后，学生可以进行自我评估，反思自己的表现和进步；小组成员之间可以相互评价，指出优点和不足；教师则通过观察和记录，进行综合评价。最后，评价结果应及时反馈给学生，帮助他们了解自己的进步和不足，并提供改进建议，进一步激发他们的学习兴趣和改进动力。

通过以上几方面的注意事项，任务驱动教学法能够更好地应用于高校体育教学中，提升教学效果和学生的综合素质。在实际教学中，教师应根据具体情况，不断调整和优化任务设计和实施策略，确保任务驱动教学法的有效应用和教学目标的实现。通过科学合理的任务设计、灵活多样的教学策略、全面公正的评价体系，教师可以激发学生的学习兴趣和参与积极性，提高教学效果，培养学生的自主学习能力和实践能力，促进他们的全面发展。

第二节　探究式教学法

一、探究式教学法的基本概念

探究式教学法是一种以学生为中心的教学方法，旨在通过引导学生自主探索和发现问题，培养他们的思维能力、创新能力和实践能力。在体育教学中，探究式教学法强调学生在实际运动过程中主动提出问题、进行实验和探究，最终解决问题并总结经验。这种方法不仅关注学生技能和体能的提高，更注重培养学生的批判性思维、自主学习能力和合作精神。

探究式教学法的理论基础主要包括建构主义学习理论、认知—发现学习理论和人本主义教育理论。建构主义学习理论认为，知识不是被动接受的，而是学习者在与环境互动的过程中主动建构的。在体育教学中，学生通过实际运动和实验活动，积极构建自己的知识体系和技能框架。布鲁纳的认知—发现学习理论强调，通过发现和探究，学生可以更好地理解和掌握知识。在体育教学中，学生通过自主探索来发现运动技能的要领和原理，能够更加深刻地理解和掌握这些知识。人本主义教育理论则注重学生的全面发展和个性化培养。探究式教学法强调学生在探究过程中实现自我价值，培养自主学习能力和创新能力，符合人本主义教育理论的核心理念。

探究式教学法在高校体育教学中的应用遵循以下几个原则。首先，探究式教学法强调以学生为中心，学生在学习中占据主体地位，教师的角色是引导者和支持者，帮助学生在探究过程中提出问题、进行实验和解决问题。学生通过主动参与和探索，构建自己的知识体系和技能框架。其次，探究式教学法以问题为驱动，激发学生的探究欲望和学习兴趣。教师通过设置具有挑战性和现实意义的问题，引导学生进行探究和实验。例如，在田径训练中，教师可以提出"如何提高起跑速度"的问题，让学生通过实际训练和数据分析，找到最佳的起跑姿势和技巧。再次，探究式教学法注重过程导向。相较于传统教学方法侧重结果来说，探究式教学法更注重学习过程中的思维发展和能力培养。在这个过程中，学生通过反复实验和调整，逐步找到解决问题的最佳方案。例如，在篮球训练中，学生可以通过反复练习和调整投篮姿势，逐步提高命中率。从次，探究式教学法还强调合作学习。学生在探究过程中需要与同伴合作，共同解决问题，分享发现和成果。教师鼓励学生进行小组讨论和协作，通过集体智慧解决复杂问题。例如，在团队体育项目中，学生需要合作制定战术和策略，提高团队整体表现。最后，探究式教学法强调反馈与反思。在探究过程中，教师应及时给予反馈，帮助学生发现和改进问题。同时，教师应鼓励学生进行自我反思，总结探究过程中的经验和教训，提高学习效果。例如，在完成一次探究任务后，学生可以通过撰写反思报告，总结自己的发现和感悟，并提出改进建议。

二、探究式教学法的实施过程

探究式教学法的实施过程包括提出问题、形成假设、设计方案、实施探究、得出结论和交流评价六个主要环节。这些环节相互联系，构成一个完整的学习过程，能够促进学生的自主学习并帮助他们深度理解学习内容。

（一）提出问题

探究式教学法的第一步是提出问题，这一环节是整个探究过程的起点。教师需要根据教学目标和学生的实际情况，提出具有挑战性和现实意义的问题，引导学生进入探究状态。问题应当明确、具体，同时具有一定的开放性，能够激发学生的思考和兴趣。例如，在体育教学中，教师可以提出"如何提高篮球罚球命中率"或者"怎样通过训练提高百米短跑成绩"的问题。这些问题不仅涉及具体的技术和技能，还需要学生结合实际情况进行思考和分析。

提出问题不仅是教师的责任，学生也应积极参与到提出问题的过程中。教师可以通过启发性提问、讨论等方式，引导学生发现和提出自己感兴趣的问题。例如，在游泳课上，教师可以鼓励学生讨论"在游泳过程中如何减少水的阻力"这一问题，学生可以根据自己的游泳经验和观察提出具体的问题，如"手臂划水的最佳角度是什么"或者"腿部打水的最佳频率是多少"。

（二）形成假设

在提出问题之后，学生需要根据已有的知识和经验，形成解决问题的假设。形成假设是探究式学习的重要环节，它要求学生对问题进行初步分析和推测，提出可能的解释或解决方案。这一过程不仅有助于学生理清思路，还能培养他们的批判性思维和创新能力。

教师在这一环节中扮演引导者的角色，帮助学生明确假设的形成步骤和方法。例如，在探讨"如何提高篮球罚球命中率"这一问题时，学生可以根据自己的理解和经验，提出"加强投篮姿势的规范性""增加投篮力量的训练""调整投篮节奏"等假设。教师可以通过引导性提问和讨论，帮助学生进一步明确和细化假设，如"什么样的投篮姿势是规范的""如何有效地训练投篮力量"等。

（三）设计方案

在假设形成之后，学生需要设计探究方案，明确探究的具体步骤和方法。设计方案是探究式教学的关键环节，它要求学生结合实际情况，制订出科学合理、操作性强的探究计划。设计方案应包括探究的目的、方法、步骤、所需材料和时间安排等内容。

教师在这一环节中应提供必要的指导和支持，帮助学生制定出切实可行的探究方案。例如，在探究"如何提高篮球罚球命中率"的问题时，学生可以设计一套训练方案，包括每天进行一定数量的罚球练习，记录每次的命中率，并在练习过程中不断调整姿势和力量。教师可以帮助学生确定训练的具体内容和步骤，如"每次练习投篮50次，记录命中情况""每周进行一次总结和调整"等。

（四）实施探究

在探究方案设计完成后，学生需要按照设计的方案进行实际操作和探究。实施探究是探究式教学的核心环节，它要求学生在真实情境中进行实验、观察和记录，逐步验证假设的正确性。在这一过程中，学生不仅要动手操作，还要积极思考和分析，不断调整和优化探究过程。教师在这一环节中应扮演支持者和指导者的角色，提供必要的资源和帮助，确保探究活动顺利进行。例如，在探究"如何提高篮球罚球命中率"的问题时，教师可以提供篮球、罚球场地等必要的资源，并在学生进行练习时给予指导和反馈，帮助他们不断改进投篮姿势和方法。

（五）得出结论

经过一段时间的探究和实验，学生需要对收集的数据和信息进行分析和总结，得出结论。得出结论是探究式教学的关键环节，它要求学生对探究过程进行全面反思和评价，验证假设的正确性，并提出改进意见。在这一过程中，学生不仅要对数据进行整理和分析，还要结合实际情况进行综合评估，得出科学合理的结论。

教师在这一环节中应帮助学生进行数据分析和总结，提供必要的指导和支持。例如，在探究"如何提高篮球罚球命中率"的问题时，学生可以对每次练习的命中率进行统计和分析，总结出哪些姿势和方法最有效，并提出进一步的改进建议。教师可以帮助学生进行数据整理和分析，指导他们正确理解和运用统计方法，得出科学合理的结论。

（六）交流评价

在探究活动结束后，学生需要对探究过程和结论进行交流和评价。交流评价是探究式教学的重要环节，它不仅有助于学生巩固所学知识，还能培养他们的表达能力和合作精神。学生可以通过撰写报告、制作演示文稿、进行口头汇报等方式，将探究的过程、结果和心得体会与同学和教师进行分享和交流。

教师在这一环节中应组织和引导学生进行交流和评价，提供必要的反馈和建议。例如，在探究"如何提高篮球罚球命中率"的问题时，学生可以通过制作演示文稿，详细介绍探究的过程、数据信息和结论，并与同学和教师进行讨论和交流。教师可以通过提问和讨论，引导学生深入思考和反思，进一步完善探究方案和结论。

三、探究式教学法的具体实施技巧

（一）巧设探究情境

教师应根据教学内容和学生实际，创设真实、有趣且具有挑战性的情境，激发学生的学习兴趣和探究欲望。在体育教学中，情境设计应与学生的生活经验和运动实践紧密结合。例如，在教授篮球运球技巧时，教师可以设计模拟比赛的情境，让学生在比赛过程中发现自己的运球问题和不足。通过这样的情境，学生不仅能直观感受到问题的存在，还能在解决问题的过程中提高运动技能。情境设计应注重真实感和体验性。教师可以通过播放视频、图片、现场模拟等手段，使学生沉浸在探究情境中。例如，在游泳教学中，教师可以播放专业运动员的比赛视频，展示标准的游泳动作，然后设置模拟比赛的情境，让学生在模仿和实践中发现和解决问题。这样的设计能够有效激发学生的学习兴趣，使他们在主动探究中获得知识和技能。

（二）指导学生形成假设

教师应帮助学生根据已有的知识和经验，对提出的问题进行分析和推测，形成合理的假设。有效的假设指导应具有启发性和指导性，帮助学生理清思路，形成科学的假设。

教师可以通过提问和引导，帮助学生明确假设的形成步骤。例如，在探究"如何提高短跑成绩"时，教师可以引导学生思考影响短跑成绩的因素，如起跑姿势、步频和步幅等。然后，教师可以进一步引导学生形成具体的假设，如"提高起跑速度可以显著提升短跑成绩"或"优化步幅和步频可以提高跑步效率"。

在指导学生形成假设时，教师应注意启发学生的批判性思维和创新能力。通过引导学生多角度思考问题，鼓励他们形成多种假设，并对每个假设进行初步分析和评估。例如，在探究"如何提高篮球投篮命中率"时，教师可以引导学生从投篮姿势、力量控制、心理因素等多个方面提出假设，并鼓励学生进行比较和筛选，选择最有可能的假设进行验证。

（三）引导学生设计实验

教师应帮助学生根据假设制定科学合理的实验方案，明确实验的目的、方法、步骤和注意事项。有效的实验设计应具有可操作性和可行性，使学生能够在实际操作中验证假设。

教师在引导学生设计实验时，应注重细节和具体操作。例如，在探究"如何提高短跑成绩"的问题时，教师可以帮助学生设计一套训练和测试的实验方案，包括确定训练内容（如起跑练习、步频训练等）、制订训练计划、设置测试标准和记录方法等。通过细致的实验设计，学生能够明确实验的具体步骤和要求，提高实验的科学性和有效性。

在实验设计过程中，教师还应引导学生考虑实验的变量和控制因素。通过明确实验变量和控制条件，确保实验结果的科学性和可靠性。例如，在探究"如何提高篮球投篮命中率"时，教师可以帮助学生设计实验变量（如投篮姿势、投篮距离等）和控制因素（如投篮环境、投篮次数等），确保实验结果的客观性和准确性。

（四）组织学生讨论交流

通过讨论交流，学生可以分享实验过程中的发现和经验，相互启发和学习，提高探究能力和合作精神。教师应创造良好的讨论氛围，鼓励学生积极参与讨论，表达自己的观点和看法。教师在组织讨论交流时，应注重引导和调控。例如，在探究"如何提高短跑成绩"的问题时，教师可以组织学生分组讨论，每组学生分享自己的实验设计和结果，其他学生进行评价和提问。通过这样的讨论，学生能够相互学习和借鉴，发现和改进问题，提高探究能力。

在讨论交流中，教师应鼓励学生进行批判性思考和深度分析。通过引导学生对实验结果进行分析和讨论，培养他们的批判性思维和解决问题的能力。例如，在探究"如何提高篮球投篮命中率"时，教师可以引导学生分析不同投篮姿势和力量控制对命中率的影响，讨论和总结有效的投篮技巧和方法。

（五）总结反思与迁移

教师可以通过提问和引导，帮助学生进行总结和反思。例如，在探究"如何提高短跑成绩"的问题时，教师可以引导学生总结训练和测试的过程，分析和评价实验结果，提炼出有效的训练方法和策略。同时，教师应鼓励学生进行自我反思，思考自己的不足和改进方向，提高自我认知和学习能力。

在总结反思的基础上，教师还应引导学生进行知识的迁移和应用。通过引导学生将从探究过程中获得的知识和经验应用到其他相关领域，提高他们的综合能力和创新能力。例如，在探究"如何提高篮球投篮命中率"后，教师可以引导学生思考，篮球的投篮技巧和训练方法如何提高自己在其他运动项目中的表现，如排球发球、网球击球等。

在高校体育教学中，探究式教学法能够有效提高学生的自主学习能力、创新能力和实践能力。在实际教学中，教师应根据具体情况，不断调整和优化探究式教学法的实施技巧和策略，确保教学目标的实现和学生的全面发展。通过探究式教学法，学生不仅能够掌握知识和技能，还能培养批判性思维和解决问题的能力，成为具有创新精神和实践能力的高素质人才。

第三节 项目化教学法

一、项目化教学法概述

项目化教学法是一种以项目为核心，通过让学生参与实际项目的策划、实施和评估，来实现教学目标的教学方法。这种教学法强调学生的自主性和实践性，旨在通过真实的项目任务，培养学生的综合能力和创新能力。在项目化教学法中，学生在教师的指导下，以小组或个人形式参与项目，从项目的选题、设计、实施到总结和展示，体验项目管理的全过程。这不仅包括知识的学习和应用，还涵盖了计划制订、任务分配、问题解决、团队合作等多个方面。项目化教学法的内涵体现在它的整体性和系统性。整体性是指教学活动围绕一个或多个项目展开，通过项目的推进实现知识与技能的融合。系统性是指项目实施过程中的各个环节相互联系、相互影响，形成一个完整的学习体系。学生在项目中不仅学会了如何解决具体问题，更重要的是学会了如何系统地思考和解决复杂问题。

项目化教学法的理论基础主要包括建构主义学习理论、社会建构主义理论和体验学习理论。建构主义学习理论认为，知识是学习者主动建构的，而不是被动接受的。项目化教学法通过让学生参与实际项目，使他们在实践中主动建构知识体系，从而实现深度学习。学生在项目中通过动手操作、实验探究、合作讨论等方式，主动获取和应用知识，构建自己的知识网络。社会建构主义理论强调学习是社会互动的过程，知识是在社会交往中共同建构的。项目化教学法通过小组合作和团队任务，使学生在相互交流和合作中学习。学生在项目中通过与同伴、教师和专家的互动，分享知识和经验，共同解决问题，构建集体智慧。体验学习理论认为，学习是通过具体的体验、反思和行动实现的。项目化教学法强调通过实际项目的体验，使学生在真实情境中学习和应用知识。学生在项目中经历策划、实施、评估等过程，通过反思和总结，提升自己的实践能力和创新能力。

项目化教学法具有以下几个显著特点：

（一）实践性强

项目化教学法注重学生在实际项目中的实践和操作，通过动手操作和实践体验，使学生掌握知识和技能。

（二）综合性和系统性

项目化教学法将多个学科的知识和技能融入一个项目中，使学生在完成项目的过程中综合运用所学知识。学生在项目中不仅学会了解决具体问题的技能，还掌握了系统思考和解决复杂问题的能力。

（三）团队合作和交流

项目化教学法强调小组合作和团队配合，培养学生的团队合作精神和沟通能力。学生在项目中通过分工协作、交流讨论，共同解决问题，增强了团队意识和合作能力。

（四）自主性和创新性

项目化教学法注重培养学生的自主学习和创新能力，鼓励学生自主选题、设计和实施项目。学生在项目中通过自主探索和创新实践，培养了自主学习和创新思维的能力。

（五）真实情境和动机激发

项目化教学法通过真实的项目情境，使学生在真实情境中学习和应用知识。真实的项目情境能够激发学生的学习兴趣，使他们更加积极主动地参与到学习中来。

二、高校体育项目化教学法的实施步骤

（一）项目选择与设计

项目选择与设计是高校体育项目化教学法的首要步骤，决定了整个教学活动的方向和质量。教师需要根据课程目标、学生兴趣和实际需求选择和设计项目。项目应具有现实意义和挑战性，能够激发学生的学习动机，并包含多个运动技能和理论知识。教师可以选择"组织校内篮球联赛"这一项目，要求学生在参与比赛的同时，负责赛事的策划、组织和管理。这个项目不仅锻炼了学生的篮球技能，还培养了他们的组织协调能力和团队合作精神。

在设计项目时，教师应明确项目的总体目标、任务要求、时间安排和评估标准。在上例中，总体目标可以是提高学生的篮球技能和团队合作能力，任务要求可以包括场地安排、赛程编排、裁判安排、宣传推广等，时间安排可以根据赛事的具体情况进行合理规划，评估标准则应包括学生在项目中的表现、任务完成情况和团队合作情况。

（二）项目任务分解

项目任务分解是将整个项目分解为若干具体的、可操作的任务，使学生能够逐步完成项目。任务分解的目的是使学生清晰了解每个任务的内容和要求，合理分配时间和资源，确保项目顺利进行。在"组织校内篮球联赛"的项目中，教师可以将项目分解为多个子任务，如场地布置、赛事规则制定、队伍组建、裁判培训、赛程安排、赛事宣传等。每个任务应有明确的目标和完成标准，并根据学生的能力水平和兴趣分配任务。例如，场地布置任务可以由擅长动手操作的学生负责，赛事宣传任务可以由擅长设计和写作的学生负责。通过合理的任务分解和分配，学生能够在项目中发挥各自的特长，确保项目的高效完成。

（三）项目实施与指导

项目实施与指导是项目化教学法的核心环节。在这一过程中，学生按照任务分解的步骤，逐步完成各项任务。教师的角色从知识传授者转变为引导者和支持者，为学生提供必要的指导和帮助。教师需要定期检查学生的项目进度，给予及时的反馈和建议，帮助学生解决遇到的问题。在项目中，学生可能会在场地布置、赛事宣传、裁判培训等方面遇到问题，教师应及时提供技术指导和资源支持，帮助学生克服困难。例如，在裁判培训任务中，教师可以邀请专业

裁判进行培训，或者提供相关的裁判手册和视频资源。同时，教师应鼓励学生进行自主探索和团队合作，培养他们的自主学习和问题解决能力。

（四）项目成果展示

项目成果展示是项目化教学法的重要环节，通过展示项目成果，学生可以向教师和同学展示自己的学习成果。成果展示不仅是对学生学习成果的检验，也是对学生学习过程的总结和反思。教师可以通过多种形式组织项目成果展示，如成果汇报会、展览会、竞赛等，使学生有机会展示自己的成果，并接受同学和教师的评价。

成果展示可以包括赛事的顺利进行、赛事总结报告、精彩比赛片段的展示等。学生可以通过演示和讲解，展示自己在项目中的收获和体会，分享项目实施过程中的经验和教训。教师和同学可以对学生的成果进行评价，提出改进建议，帮助学生总结和提升。

（五）项目评价

项目评价是项目化教学法的最后一个环节，通过评价，教师可以全面了解学生的学习成果和能力发展情况。项目评价应包括过程性评价和总结性评价，既要评价学生在项目实施过程中的表现，也要评价项目的最终成果。教师可以结合学生的自评和互评，进行全面的评价。

过程性评价可以包括学生在项目中完成任务的积极性、任务完成情况、团队合作情况等，总结性评价可以包括赛事的成功举办、比赛质量、观众反馈等。教师可以通过问卷调查、访谈等方式，收集学生和观众的反馈，全面评估项目的效果。同时，教师应鼓励学生进行自我反思，思考自己的优点和不足，提出改进建议，提高学生的学习和实践能力。

三、项目化教学法在高校体育教学中的应用领域

（一）体育专业技能课程

项目化教学法在体育专业技能课程中的应用，旨在通过具体项目的实施，学生在实际运动中掌握专业技能，提高运动水平。体育专业技能课程内容广泛，如篮球、足球、田径、游泳等项目。通过项目化教学，学生不仅能掌握技术要领，还能提升综合素质。

在篮球课程中，可以设计"篮球技术提升"项目，学生分组进行专项训练，

包括运球、传球、投篮和防守等技术。每个小组负责不同的技术环节,制订训练计划,进行日常训练,并在训练过程中记录数据,分析和改进技术动作。例如,某小组负责运球技术,他们就需要通过视频分析和数据记录,研究不同运球方式的效果,并在实际训练中验证和改进。教师在此过程中提供指导,帮助学生解决技术难题,并通过定期的技术评估和比赛,检验学生的训练成果。

在田径课程中,项目化教学法同样具有显著效果。可以设计"百米短跑训练"项目,学生根据自身的技术水平和体能状况,制订个性化的训练计划,包括起跑、加速、摆臂和冲刺训练等。每位学生需要通过实验和数据记录,优化自己的跑步姿势和技术动作,逐步提高短跑成绩。通过这样的项目训练,学生不仅能在实践中掌握技术要领,还能通过科学的训练方法提升自身的体能和运动表现。

在游泳课程中,可以设计"游泳技术改进"项目,学生需要通过视频分析和实际训练,优化游泳技术动作,如自由泳、蛙泳、仰泳等。每位学生根据自身情况,选择一个游泳姿势进行专项训练,通过实验和数据记录,改进技术动作,提高游泳速度和效率。例如,某学生选择自由泳,就需要研究手臂划水、呼吸和腿部打水频率的最佳组合,通过不断训练和调整,找到最适合自己的技术动作。教师在此过程中提供技术指导和反馈,帮助学生解决技术难题,并通过定期的技术评估,检验学生的训练成果。

(二)体育赛事组织与管理课程

项目化教学法在体育赛事组织与管理课程中的应用,旨在通过具体项目的实施,使学生掌握体育赛事的组织和管理技能,提高管理水平和实践能力。体育赛事组织与管理课程涉及赛事策划、组织、实施和评估等环节,通过项目化教学,学生可以在实际操作中全面了解和掌握赛事管理的各个环节。

可以设计"校内篮球联赛组织"项目,学生分组进行赛事的策划、组织和管理。每个小组负责不同的任务环节,包括场地安排、赛程编排、裁判安排、宣传推广等。通过这样的项目实践,学生可以全面了解和掌握体育赛事的组织和管理技能,提高团队合作能力和组织协调能力。例如,某小组负责赛程编排,他们就需要根据参赛队伍的数量和比赛场地的安排,制订详细的赛程计划,并在实际操作中不断调整和优化。教师在此过程中提供指导,帮助学生解决实际问题,并通过定期的项目评估,检验学生的组织管理能力。

(三)体育俱乐部运营课程

项目化教学法在体育俱乐部运营课程中的应用,旨在通过实际项目的实施,使学生掌握体育俱乐部的运营和管理技能,提高管理水平和实践能力。体育俱乐部运营课程涉及俱乐部的规划、运营、管理和市场推广等环节,通过项目化教学,学生可以在实际操作中全面了解和掌握俱乐部运营的各个环节。

可以设计"校内篮球俱乐部运营"项目,学生分组进行俱乐部的规划、运营和管理。每个小组负责不同的任务环节,包括俱乐部会员招募、活动策划、财务管理、市场推广等。通过这样的项目实践,学生可以全面了解和掌握篮球俱乐部的运营和管理技能,提高团队合作能力和市场推广能力。例如,某小组负责俱乐部会员招募,他们就需要制订详细的会员招募计划,设计宣传材料,组织会员招募活动,并在实际操作中不断调整和优化。教师在此过程中提供指导,帮助学生解决实际问题,并通过定期的项目评估,检验学生的运营管理能力。

四、项目化教学法实施中的注意事项

(一)项目难度的把控

在实施项目化教学法时,适当把控项目难度是确保教学效果的重要因素。教师需要根据学生的实际能力水平和学习进度,合理设置项目难度,使其既具有挑战性又不至于过于困难。项目难度过低,学生可能会觉得缺乏挑战和新鲜感,难以激发他们的学习兴趣;项目难度过高,则可能导致学生因难以完成任务而产生挫败感,甚至失去学习动力。因此,教师应在设计项目时,充分考虑学生对已有知识和技能掌握情况,分层次设置任务,并提供必要的支持和指导。例如,在设计篮球训练项目时,教师可以根据学生的技术水平,将项目分为基础技术训练、中级战术演练和高级比赛模拟三个层次,每个层次对应不同的难度和要求,确保所有学生都能在适当的挑战中获得进步。

(二)教师角色的转变与定位

在项目化教学法中,教师的角色从传统的知识传授者转变为引导者和支持者。教师需要更加注重引导学生进行自主学习和实践,而不是单纯地传授知识。这种角色转变要求教师具备更高的专业素养和灵活的教学策略。在项目实施过程中,教师应通过提问、启发和示范等方式,引导学生发现问题、分析问题和解决问题。教师还需要为学生提供必要的资源和支持,帮助他们克服遇到的困难。例如,在田径训练项目中,教师可以通过引导学生讨论和分析各个训练环节的技术要点,帮助他们制订科学合理的训练计划,并在训练过程中提供技术指导和反馈,确保学生能够顺利完成项目任务。

(三)学生主动性的激发与维持

项目化教学法强调学生的自主性和参与性,教师需要通过多种方式激发和维持学生的主动性。首先,教师应设计有趣和具有挑战性的项目,使学生对项目产生浓厚的兴趣和好奇心。例如,在体育赛事组织项目中,教师可以设计模拟奥运会的项目,让学生负责策划和组织一场模拟奥运会,包括开幕式、比赛安排、颁奖仪式等,通过尝试具有挑战性的项目,激发学生的参与热情。其次,教师应通过积极的反馈和表扬,增强学生的自信心和成就感,鼓励他们持续投身项目。例如,教师可以通过定期的项目评估和展示,肯定学生在项目中的优秀表现,激励他们不断努力和进步。最后,教师还可以通过安排小组任务和团队合作,增强学生的合作意识和团队精神,使他们在相互支持和帮助中保持高涨的学习热情。

(四)项目资源的整合与利用

项目化教学法的实施需要充分整合和利用各种资源,确保项目顺利进行并达到预期效果。教师应在项目设计阶段,充分考虑项目所需的资源,包括场地、器材、技术支持等,并合理安排和配置这些资源。例如,在游泳训练项目中,教师需要提前安排好游泳池的使用时间,确保学生能够在规定的时间内进行训练;还需要准备好游泳训练所需的器材,如浮板、泳帽、泳镜等,确保学生在训练过程中能够正常使用。教师还应善于利用校内外的资源,为项目提供多方面的支持。例如,教师可以邀请校外的体育专家或教练来校进行技术指导和培训,为学生提供专业的技术支持;还可以利用学校的图书馆和网络资源,为学生提供丰富的学习资料和参考文献,帮助他们更好地完成项目任务。

通过对以上注意事项的把控,项目化教学法在高校体育教学中的实施将更加有效和顺利。项目化教学法的有效实施,不仅能提高学生的运动技能和综合素质,还能培养他们的自主学习能力、创新能力和团队合作精神,为他们的全面发展奠定坚实的基础。

第四章 信息技术在高校体育教学中的应用

第一节 多媒体技术的应用

一、多媒体技术概述

（一）多媒体的定义

多媒体技术是当今信息技术领域发展最快、最活跃的技术之一。多媒体，顾名思义，是多种媒体的综合体。"媒体"这一词的含义，一方面，包含如半导体存储器、光盘、磁带与磁盘等存储信息的实体载体。另一方面，也包含如文字、声音、图形与数字等能够传递信息的虚拟载体。因此，多媒体一般可理解为多种单媒体的综合。

随着信息时代的快速发展，新型的多媒体技术已经演变为借助互联网传播数字数据的综合信息发布平台。多媒体技术的最大特征在于能够将经过专业编辑制作和系统加工的多媒体信息页面传播到每一台多媒体电子终端，这使多媒体技术可以摆脱传统单方面、传授式的特征，转变为可以进行互动的技术模式。这种新型技术使信息传播变得更为便捷和迅速，使信息的转换互动可以瞬间完成。

（二）多媒体技术的特征

1. 多媒体信息的综合性

多媒体技术将计算机与视频技术结合起来，通俗意义上是指将声音与图像等两个或多个媒体集合并连接起来，成为一个能够传递信息、具有交互性的综合系统。这种技术能够综合运输、检索、加工、处理、存储、传播和显示不同类型的信息，具有感官性、集成性、情境性等特征。

2.交互性

传统的信息传播方式通常是单向的，而多媒体技术则能够实现信息的双向互动。例如，通过多媒体设备，用户可以实时与信息源进行互动，获取反馈。这种交互性大大提高了信息传播的效率并丰富了用户体验。

3.多感官体验

多媒体技术能够通过整合文字、声音、图像、动画、视频等多种媒体形式，提供多感官的体验。例如，在教育领域，通过多媒体课件，学生可以通过视觉和听觉等多种感官同时接受信息，提高学习效果。

4.集成性

多媒体技术集成了计算机技术、通信技术、数字技术和网络技术等多种技术，形成了一个功能强大的综合系统。通过这种集成，能够实现信息的高效处理和传播。

多媒体技术在教育领域的应用极为广泛。通过多媒体课件、电子书、在线课程等形式，学生可以随时随地进行学习。多媒体技术提供了丰富的教学资源，极大地提高了教学效果。例如，通过虚拟实验室，学生可以进行各种科学实验，提高实践能力。

二、高校体育教学引入多媒体技术的必要性

在现代高校体育教学中，引入多媒体技术已经成为一种趋势。这不仅是信息时代发展的要求，也是提升教学质量和效果的必要手段。多媒体技术在高校体育教学中的应用，可以在多个方面起到重要作用。

（一）突出教学的重点和难点

在高校体育课程的教学中，应用多媒体技术可以提供多角度、全方位的课程分析。例如，在学习健美操动作时，教师可以使用视频、声音等多媒体技术，对某个关键动作进行编辑和回放，从而突出教学重点和难点。这种方式不仅可以使学生直观地看到动作的每个细节，还可以通过慢速播放、重复播放等方式，使学生更好地理解和掌握动作要领。此外，通过多媒体技术，教师可以制作详细的动作分解图和讲解视频，帮助学生在课后复习巩固，真正掌握健美操的动作要领。

（二）提供海量的学习信息

在信息时代，信息更新速度加快，多媒体技术能够充分发挥网络资源优势，使教师的教学内容不再局限于课本。多媒体技术可以将前沿的科学技术、新成果、新技术等内容引入教学，满足学生的实际需要，并引导学生利用网络进行学习。通过广泛阅读新知识，学生不仅可以扩展知识面，还可以提升自学能力。例如，教师可以在课件中嵌入链接，学生可以通过点击链接访问相关的科研论文、视频讲座等资源，进一步深化对所学内容的理解和掌握。

（三）避免体育教学中的安全隐患

体育教学实践中存在许多安全隐患，除了运动本身，还包括场地、设备、天气、情绪及外部干扰等。科学合理的教学方法可以有效避免上述不安全因素造成的事故。将多媒体技术应用于辅助教学，可以帮助学生了解运动项目的特点和规则，从而有效预防和杜绝事故的发生。例如，教师可以通过多媒体课件详细介绍不同运动项目的安全注意事项，播放示范视频，讲解正确的运动姿势和应对突发情况的方法。这不仅提高了学生的安全意识，还增强了他们的应急处理能力。

（四）培养体育教师的综合素养

在实际教学中，体育教师采用多媒体教学的机会非常有限，传统教学方法仍是主流。然而，信息时代要求教师必须转变观念，重视在职学习和培训，了解并掌握多媒体技术，并将其积极应用于体育教学。引入多媒体技术对体育教师提出了更高的要求，需要他们主动加强综合素质培训，充实和完善自己，把握时代脉搏，有信心直面新时代的挑战。例如，高校可以组织教师参加多媒体技术培训班，学习如何制作和使用多媒体课件、如何利用互联网资源辅助教学。通过这些培训，教师不仅可以提升自己的专业水平，还能更好地满足体育教育在信息时代发展中的需要，构建良性的学习框架，培养自主获取和更新知识的能力。

（五）提升动作教学效果

在传统的体育教学过程中，教师通过讲解、演示、模拟训练的方式来传授动作技能，学生通过听、看、体验和教师的动作示范来感知这些动作。然而，这种学习过程是被动的、机械化的，学生无法正确把握动作的技术性和规律性，严重影响了对体育知识的掌握。多媒体技术的引入，可以通过声音、动作、图像的冻结、闪烁、慢播、色彩变化及教师的讲解，让学生看到动作的每个过程和细节。例如，在教授篮球运球技巧时，教师可以使用多媒体课件播放专业运动员的运球动作视频，结合慢动作回放和分解讲解，使学生更容易理解和模仿。这不仅有助于学生对动作技能的掌握，还可以培养他们的观察分析能力，提高教学的实际效果。

（六）激发体育学习兴趣

兴趣是最好的老师。在许多成功的教学活动中，只要激发学生的学习兴趣，他们的学习积极性就会在今后的学习过程中得到有效提高。多媒体课件的特点是生动、直观、图文结合，不仅为学生提供了情境化、生动化的学习内容，而且为学生安排了多样化、个性化的教学指导，有效地激发了学生对体育学习的兴趣。例如，教师可以在课件中加入动画、互动游戏等元素，使教学内容更加有趣和吸引人。通过多媒体技术，教师可以设计虚拟比赛、模拟训练等互动环节，增加学生的参与感和体验感，从而激发他们的学习兴趣。

三、多媒体技术在高校体育教学中的应用现状

随着信息技术的不断发展，多媒体技术在高校体育教学中的应用日益广泛。然而，尽管多媒体技术为体育教学带来了诸多便利，如提高教学效率、丰富教学内容、激发学生兴趣等，但在实际应用过程中，仍然存在一些问题和挑战。

（一）内容表现过于单一

多媒体技术在高校体育教学中的应用主要通过投影仪、电脑等设备，向学生展示教学内容，以促进课堂教学。然而，许多教师由于教学任务繁重，在课堂教学之后很难静下心来制作高质量的多媒体课件。部分教师甚至直接将课本上的知识进行扫描，使之变为多媒体教学内容，导致课件质量较差，内容表现过于单一。

多媒体教学的优势在于可以将体育知识与图像、音频等元素有效结合，通过动态化的形式进行演示，改变传统高校体育教学中的枯燥现象。然而，如果课件质量不高，便无法充分利用多媒体技术的优势，无法取得预期的教学效果，甚至可能使教学效果变得更差。例如，简单的文字和图片展示无法引起学生的兴趣，而低质量的视频和音频可能会影响学生的注意力和理解能力。因此，提

高多媒体课件的制作质量，丰富课件内容，成为高校体育教学中亟须解决的问题之一。

（二）没有体现学生的主体地位

在实际多媒体教学过程中，有的教师为了教学效果更好而大量使用多媒体，忽视了学生在教学中的主体地位。教师在课堂上过多使用多媒体，虽然提高了学生的学习兴趣和热情，但未能有效将学生对知识点的掌握和理解与多媒体相结合，导致多媒体技术未能发挥应有的优势。

学生是教学过程的主体，教师应根据学生的需求和特点，灵活运用多媒体技术，设计符合学生学习规律的教学活动。例如，在体育教学中，教师可以通过多媒体技术展示运动动作的分解步骤，并结合实际练习，帮助学生更好地掌握动作要领。只有充分发挥学生的主体地位，才能使多媒体技术真正服务于教学，提高教学效果。

（三）师生之间缺乏有效互动

师生之间的有效互动是提高课堂教学效果的关键。然而，在实际教学活动中，许多教师将多媒体作为主要的教学手段，一边播放多媒体，一边读课件内容，忽视了师生之间的互动。在这种情况下，教师往往充当"解说员"的角色，机械地演示和读课件内容，使学生处于被动接受状态，无法发现问题，也无法提出问题，师生之间很难形成有效互动，这与多媒体教学的初衷相悖。

有效的互动不仅可以提高学生的学习积极性和参与度，还可以帮助学生理解和掌握知识。因此，教师在使用多媒体教学时，应注重设计互动环节，如提问、讨论、小组合作等，激发学生的思考和参与，形成良好的课堂氛围。例如，在教授篮球技术时，教师可以播放相关视频，并通过提问和讨论的方式引导学生分析和理解动作要领，促进师生之间的互动和交流。

（四）教师的多媒体技术水平参差不齐

高校体育教师的多媒体技术水平参差不齐，对多媒体技术的运用态度也有所不同。当前，懂得利用多媒体技术的体育教师大多是青年骨干教师，而一些经验丰富的资深教师则在教学过程中很难全面接受多媒体技术，影响了多媒体技术在高校体育教学中的具体应用。

将多媒体技术应用于高校体育课堂教学，要求教师必须掌握一定的网络设计技术，以形象、生动地展现体育技术动作要领。然而，目前具备这种"双料专家"能力的教师非常少。教师不仅需要具备丰富的专业知识和教学经验，还需要掌握多种网络技术和多媒体制作技术，这迫使教师不断学习和提升自身的多媒体技术水平，以适应信息时代的教学需求。

四、多媒体技术在高校体育教学应用中的优化策略

（一）高校要提高重视程度，加大资金投入

1. 领导重视和政策支持

高校的相关领导应高度重视体育教学在培养学生身体素质和自学能力方面的重要作用。领导层可以与相关部门商讨并督促进程，加大对多媒体教学资源的投入力度。作为高校的领导，对学校各项规章制度、教学目标和教学进度有着决策权。因此，高校领导对多媒体辅助体育教学的重视程度直接决定了其在教学应用中的效果。只有引起高度重视，才能确保多媒体教学的长远发展。

2. 资金投入和资源配置

实行教育改革首先需要考虑的就是资金投入。经费是改革实施的保障，资金不足将直接影响多媒体教学的实施，教学设备也难以得到配备。高校体育教学若要与多媒体技术结合，硬件设备的不足会使教学工作无法顺利展开。因此，高校管理部门需在硬件设施与配套设备方面加大投入，拓宽投资渠道，通过申请拨款、企业赞助或社会捐赠等专项资金的引入，加大体育专项投资力度。

根据教学需求和资金来源渠道，推进多媒体教学设施的配备，确保多媒体教学设备齐全。调查研究表明，高校的建设面积普遍较大，校方可以建设与体育教学相关的小型操场和室内多媒体训练场地。专业化的多媒体教学教室能够保障多媒体教学方式与训练内容同步进行，给师生营造良好的多媒体教学环境。同时，教育部门应在培训力度和政策上提供经费保障，提升高校体育教师的整体素质与多媒体技术水平，保证教学质量。

3. 重视多媒体设备管理和维护

在完善多媒体设备的同时，高校还需加强多媒体设备与资源的管理工作。应由专人负责定期检查与保养设备，发现故障及时维修，准确记录设备配备与更换情况，完善教学设备使用管理条例，精简教师使用设备的手续与流程。在硬件设备配备齐全后，高校须做好一系列防护和保护措施，保障多媒体教学资源在高校体育教学中的有效利用。

（二）高校要重视对体育教师的培训

多媒体技术在高校体育教学中的应用，主要是为了丰富教学资源和提高教学效果，教师在这一过程中起着至关重要的作用。作为推动多媒体技术与教学工作相结合的核心力量，教师的应用能力和媒介素养显得尤为重要。提升教师在多媒体技术方面的能力，不仅是提高教学质量的必要条件，也是实现现代教育改革目标的重要保障。

高校体育教师可以通过多媒体技术，利用网络和其他资源，将多样化的体育资源与体育课程相结合。这种结合不仅可以丰富教学过程，还可以提高学生的学习积极性。在新时代背景下，教师不仅是知识的传授者，更是教育信息化持续发展的重要推动者。因此，教师需要具备较强的应用能力，能够充分利用网络教学资源，全面提高教学质量。

体育教师的教学水平直接影响教学效果，而多媒体辅助教学的效果也直接受教师运用多媒体技术能力的影响。教师操作多媒体设备的技能高低，既受自身潜力影响，也受高校多媒体技术培训效果的影响。目前，许多高校在教师多媒体技术培训方面仍存在不足，体育教师普遍存在多媒体操作技术薄弱的现象。因此，基础技能培训是提高教师多媒体技术水平的关键。单靠教师自学来提升多媒体技术是不够的，高校应当在校内外为体育教师组织相关培训，建立多层次的培训体系，并在师资和经费方面提供充足保障。

高校可以通过以下方式来提升体育教师的多媒体技能：由计算机教师负责定期培训体育教师，开展基础和进阶的多媒体技术培训；组建多媒体技术教学课题组，根据不同体育教师的需求进行分层分批的针对性培训；针对不同专业和需求，设计更适宜的培训方案；尝试与其他高校合作进行培训和交流，根据本校实际教学情况进行特色教学培训；定期在校内举办体育教师多媒体教学大赛，激励体育教师通过各种途径提高多媒体教学水平。

培训内容应包括：多媒体辅助高校体育教学的基本理论，帮助教师理解多媒体技术在教学中的应用价值和作用；图片编辑、音频剪辑等技术的教学，提升教师在课堂中使用多媒体设备的实际操作能力；引进和应用多媒体教学软件，帮助教师熟悉并掌握各种教学软件的使用方法；多媒体辅助体育教学的具体教学技巧，帮助教师设计和实施更有效的多媒体教学活动。

在多媒体技术培训的基础上，教师还需不断优化自身的教学计划与教案设计能力。根据教学任务和现代教学要求，教师应当不断学习和改进，将多媒体技术与教学内容有机结合，设计出更具吸引力和实用性的教学方案。只有这样，才能使多媒体教学内容丰富、知识内涵充实，从而充分发挥多媒体技术在体育教学中的真正价值。多媒体技术的应用不仅是设备和软件的使用，更需要教师具备良好的教学理念、创新精神和持续学习的能力。

（三）培养现代教育理念

在现代教育中，保守教育理念的产生常常是由于对开放式现代教学的实际优势和可能性了解不够全面所导致的。多媒体技术在高校体育教学中的应用，展现出其积极意义和显著优势。多媒体教学能够将传统体育教学中难以用文字或语言描述清楚的动作，以直观、动态的方式呈现给学生。这种方式不仅能够使学生更加清晰地记忆教学中的连贯动作，还能激发学生对体育的学习兴趣，增强他们自主学习体育动作的能力。

在传统体育教学中，教师的演练授课往往受到天气、环境、动作难易程度和教师身体素质等因素的制约；教师的动作演练次数有限，也会影响课堂教学效果。多媒体教学则能够克服这些客观限制，将动作要领多次、反复地向学生展示，使学生高效掌握要点。学生还可以在课后继续参考多媒体资源进行练习，加深印象并改善学习效果。

高校体育教学大纲中明确指出，体育课程是大学生锻炼身体的主要手段，通过科学、合理的体学教学与体育锻炼，达到增强体质、提高体育素养的主要目标。在这个过程中，还需促进学生的身心发展，将思想品德、文化科学和生活与体育技能教育有机结合。因此，体育教学是培养全面人才与素质教育的重要课程。多媒体教学方式和传统教学方式各有优点，不能相互取代，应科学地结合起来，实现现代技术与教学理念的统一。

高校体育教师应正确认识多媒体教学在体育教学中的地位和作用。教师需要明确自己的位置，积极参与现代化教学改革，提高多媒体体育教学的有效度，消除高校、其他教师和学生对体育课"简单教学"的错误观念。同时，教师应更加积极地参加多媒体技术的各级各类培训，参与学校的课题研究，提高自身的能力素质与教学理念。

课程资源与教学方式的发掘，是多媒体教学前期准备环节中的重要组成部分。教师应在创新现代技术教育理念的基础上，自觉创新教学方式，不只依赖于互联网共享和照搬照抄,而是在课件制作上通过培训及与教师组讨论,进行原创设计,并根据当下教学条件,选择最适宜的教学方式进行教学。多媒体课件不仅要展示现有的体育动作和技术,还要拥有更具互动性和参与性的教学内容,让学生在多媒体技术的辅助下,更加积极地参与到体育学习中来。

在多媒体技术的应用过程中,教师还应注意以下几个方面。

在设计多媒体课件时,要注重内容的科学性和系统性,使其能够有效地服务于教学目标。教师应结合体育课程的具体内容,设计出既能展示体育动作,又能让学生理解其内在原理的多媒体课件。多媒体教学不应仅是教师单向的信息传递,还应加强师生之间的互动,通过互动问答、即时反馈等方式,提高学生的参与度和积极性,使他们在互动中加深对体育知识和技能的理解。在多媒体教学中,教师要考虑学生的个体差异,根据不同学生的学习特点和需求,提供个性化的教学内容和指导,更好地满足学生的学习需求,提高教学效果。多媒体教学内容应根据体育教学的最新发展情况和学生的反馈意见,不断进行更新和优化。教师应关注体育领域的新知识、新技术,将其及时引入到教学中,使教学内容始终保持鲜活和前沿。

通过这些努力,教师不仅能够提升多媒体技术在体育教学中的应用效果,还能促进自身教学水平的提升,实现教学理念和教学方式的全面创新。这样才能更好地发挥多媒体技术的优势,为学生提供更加优质的体育教育,提升他们的体育素养和综合素质。

(四)合理运用多媒体技术

在体育教学中,多媒体技术作为一种辅助手段,旨在丰富教学内容,但其应用需慎重,以确保教学过程中的师生互动和学生主体地位的有效体现。首先,多媒体技术的使用应与教学内容紧密协调。例如,在篮球课上,教师不仅要播放有关篮球技巧的视频和PPT,还应引导学生实际操作,练习运动技能,从而提升学习效果和动手能力。其次,过度依赖多媒体技术可能导致教学过程中师生互动的减少,甚至使学生成为信息的被动接受者。因此,教师在应用多媒体技术时,应留有让学生自由发挥的空间,积极调动学生的主动性和积极性,建立互动式教学理念,确保学生在课堂中的参与感和学习的深度。同时,教师需关注学生的学习效果和个体差异,根据不同学生的接受能力和学习特点进行差异化教学设计。在运用多媒体技术时,要根据学生的反馈不断改进课件和教学过程，使之更加贴近学生的学习需求和实际情况。最后，多媒体技术应成为促进师生之间有效交流的途径。教师应鼓励学生主动思考和探索问题，通过课堂上的互动，建立起师生之间的有效沟通和学术交流，从而增强教学的深度和广度。

总之，正确运用多媒体技术不仅要充分利用其丰富的展示形式，还要注意保证教学活动中的师生互动和学生的主动参与，确保教学效果最大化，同时提升学生的学习体验和成效。

第二节　VR 技术的应用

一、VR 技术概述

（一）定义与特征

Virtual Reality（虚拟现实），简称 VR 技术，是一种利用计算机生成的三维虚拟环境，用户通过佩戴专门的设备如 HMD（头戴显示器）、数据手套等，与虚拟环境进行交互，从而获得沉浸式体验的技术。VR 技术通过模拟用户的视觉、听觉、触觉等感官，创建一个逼真的虚拟世界，使用户仿佛身临其境。

VR 技术具有以下特征：

1.沉浸感：VR 技术的核心特征，指用户在虚拟环境中感受到的临场感。高沉浸感使用户能够忽视现实世界的存在，完全融入虚拟世界中。通过高分辨率的显示屏、立体音效和跟踪技术，VR 设备提供真实的感官体验，增强用户的沉浸感。

2.交互性：指用户能够在虚拟环境中进行实时操作和反馈。通过传感器和输入设备，用户可以操控虚拟对象、改变环境设置，并获得即时的反馈。这种实时交互性提高了用户的参与感和控制感，使虚拟体验更加生动和动态。

3.构想性：指 VR 技术能够创造出无限可能的虚拟场景和环境，不受现实世界的限制。无论是模拟极端环境、历史场景，还是设计未来城市，VR 技术都能满足用户的想象和需求，为教育、训练、娱乐等领域提供广泛的应用可能。

（二）技术原理

VR 技术的实现依赖多个核心技术的协同工作。计算机图形学是 VR 技术的基础，通过图形处理和渲染算法，生成逼真的三维图像和场景。实时渲染技术使虚拟环境能够随着用户视角和操作的变化而动态调整，为用户提供连续和流畅的视觉体验。传感器技术用于检测和追踪用户的动作和位置，包括头部位置、手部动作和身体姿态等。常见的传感器有加速度计、陀螺仪、磁力计和光学追踪系统等，通过实时捕捉用户的运动信息，将其同步转化和反馈到虚拟环境中。显示技术是实现沉浸感的关键，主要包括 HMD 和投影系统等。HMD 通过高分辨率的立体显示屏，为用户提供沉浸式的视觉体验；投影系统可以将虚拟环境投影到现实空间中，创造出混合现实的效果。人机交互技术用于实现用户与虚拟环境的实时互动，主要包括数据手套、手柄、触觉反馈设备等。通过这些输入设备，用户可以直接操控虚拟对象，获得即时的操作反馈，提高交互的自然性和灵活性。

（三）发展历程

VR 技术的发展历程可以追溯到 20 世纪中期，其发展经历了初步探索、技术突破和应用扩展三个主要阶段。

1. 初步探索阶段（20 世纪中期至 20 世纪末）

VR 技术的概念最早可以追溯到 20 世纪 50 年代。1956 年，Morton Heilig（莫顿·海利希）发明了名为 Sensorama（体验剧场）的多感官模拟设备，被认为是最早的虚拟现实系统之一。1968 年，Ivan Sutherland（伊凡·苏泽兰）开发了第一台头戴显示器，被称为"达摩克利斯之剑"，标志着现代 VR 技术的产生。然而，由于当时计算机图形学和传感器技术的限制，这些设备体积庞大、制作成本高昂，难以广泛应用。

2. 技术突破阶段（20 世纪末至 21 世纪初）

20 世纪 80 年代，计算机技术和图形处理能力的飞速发展，为 VR 技术的突破奠定了基础。1985 年，VPL Research 公司推出了数据手套，实现了手部动作的捕捉和虚拟对象的操控。90 年代初，美国国家航空航天局（NASA）艾姆斯研究中心开发了虚拟环境显示系统，用于宇航员的训练和模拟。随着计算机图形学、传感器和显示技术的不断进步，VR 设备逐渐小型化、制作成本降低，应用范围也逐步扩大。

3.应用扩展阶段（21世纪初至今）

进入21世纪，VR技术迎来了快速发展和广泛应用的阶段。2012年，Oculus Rift（一款为电子游戏设计的头戴式显示器）的发布标志着消费级VR设备的到来，随后HTC Vive（由HTC与Valve联合开发的VR头戴式显示器）、Sony PlayStation VR（索尼旗下的VR头戴式显示器）等相继问世，推动了VR技术在娱乐、教育、医疗、军事等领域的应用。近年来，随着移动计算和云计算的发展，VR技术与人工智能、大数据等技术的融合，为VR技术的进一步发展和创新提供了新的机遇。

二、VR技术在高校体育教学中的作用

（一）突破时空限制

VR技术在高校体育教学中的一个显著作用是能够突破时空限制。传统体育教学受限于场地、天气和时间等因素，而VR技术可以为学生提供一个虚拟的体育训练环境，无论何时何地，学生都可以进行体育练习。例如，学生可以在虚拟环境中进行滑雪训练，无须考虑季节和场地。这种突破时空限制的特性，使VR技术在高校体育教学中具有广泛的应用前景。通过VR技术，学生可以体验到各种极限运动和特殊环境下的体育活动，不仅丰富了教学内容，还大大提高了学生的参与机会和实践经验。

（二）提供沉浸式体验

VR技术的核心优势之一在于其强大的沉浸式体验功能。VR设备通过高分辨率的显示屏、立体声效和先进的追踪技术，为用户提供高度逼真的三维环境，使用户置身其中。在体育教学中，沉浸式体验可以显著增强学生的感官参与度和学习效果。例如，在篮球训练中，学生可以通过VR设备进行模拟投篮训练，感受到真实的场地、球员和观众的存在，极大地提升了训练的效果和乐趣。沉浸式体验不仅可以提高学生的技术水平，还能增强他们的心理素质和临场应变能力。通过这种方式，VR技术能够提供一种全新的教学体验，帮助学生更好地掌握体育技能和策略。

（三）降低安全风险

体育训练和比赛过程中往往伴随着一定的安全风险，尤其是在高强度和高

危险性的运动项目中。VR技术可以有效降低这些安全风险，为学生提供安全的训练环境。例如，在攀岩训练中，学生可以通过VR设备进行虚拟攀岩，学习攀岩技术和安全操作，无须担心实际攀岩过程中可能遇到的摔伤或其他意外情况。这不仅保障了学生的安全，还使他们能够更加专注于技术的学习和掌握。此外，VR技术还可被用于模拟各种紧急情况和应急处理训练，如火灾逃生、溺水救援等，帮助学生掌握关键的安全技能和应对策略。

（四）个性化教学支持

VR技术还可以提供强大的个性化教学支持，根据每个学生的学习进度和能力水平，制订个性化的训练计划和教学内容。通过VR技术，教师可以实时监测学生的训练数据，分析他们的运动表现，并给予有针对性的指导和反馈。例如，在跑步训练中，教师可以通过VR设备监测学生的步频、步幅和心率等数据，发现他们的技术问题和改进空间，提供个性化的训练建议和改进方案。这种个性化教学支持不仅提高了教学效果，还增强了学生学习的积极性和自信心。通过VR技术，教师可以更加精准地把握每个学生的学习情况，提供更有效的教学支持和帮助。

（五）提高学习兴趣与参与度

VR技术凭借其独特的体验和互动性，能够显著提高学生的学习兴趣和参与度。传统的体育教学方式往往单调枯燥，难以激发学生的学习兴趣，而VR技术生动的虚拟环境和互动体验，使体育学习变得更加有趣和吸引人。例如，在足球训练中，学生可以通过VR设备参与虚拟比赛，感受到真实的比赛氛围和对抗体验，大大提高了他们的学习积极性和参与度。VR技术还可以通过游戏化的教学设计，设置各种挑战和任务，激发学生的学习动机和竞争意识。通过这种方式，VR技术能够使体育教学更加生动有趣，激发学生的学习兴趣和参与热情。

三、VR技术在体育教学中的具体应用方式

（一）运动技能演示与练习

VR技术在体育教学中最直接的应用之一就是运动技能演示与练习。传统的体育技能教学往往受场地和器材的限制，而VR技术可以为学生提供虚拟的运动场景，使他们能够在不受限制的环境中学习和练习各种运动技能。

• 77 •

通过VR设备，学生可以观看高质量的三维运动技能演示。例如，学生可以在虚拟环境中观看专业运动员的投篮、传球、跑步等动作，从多个角度详细观察技术细节和动作要领。相较于传统的录像教学，VR技术提供了更强的沉浸感和互动性，学生可以自由切换视角，选择最适合自己的学习方式。

此外，学生还可以在虚拟环境中进行运动技能练习。通过实时反馈系统，VR设备能够捕捉学生的运动数据，如姿势、角度、速度等，并提供即时的反馈和指导。例如，在虚拟篮球训练中，学生可以反复练习投篮动作，系统会根据投篮的轨迹、力量和姿势，给予详细的反馈和改进建议。这样的练习方式不仅提高了学习效果，还增加了学习的趣味性和互动性，使学生在愉快的体验中掌握技能。

（二）裁判培训

VR技术在裁判培训中的应用，为培养高素质的体育裁判员提供了新的途径。传统的裁判培训需要在真实的比赛环境中进行，受时间、场地和比赛机会的限制，而VR技术可以模拟各种比赛场景和规则，为裁判培训提供全方位的支持。

通过VR技术，裁判员可以在虚拟比赛中进行判罚练习和决策训练。例如，在虚拟足球比赛中，裁判员可以通过VR设备观察比赛场景，做出越位、犯规等判罚决定。系统会根据裁判员的判罚结果，给予反馈和评分，帮助裁判员提高判罚的准确性和公正性。这样的培训方式不仅灵活方便，还能模拟多种复杂的比赛情况，使裁判员在丰富的实践中积累经验和提升能力。

VR技术还可以用于裁判员的心理素质培训。通过模拟高压力的比赛环境，裁判员可以在虚拟环境中进行心理调适和应对策略的训练，提高在实际比赛中的抗压能力和应变能力。例如，裁判员可以在虚拟环境中经历观众嘘声、教练质疑等情况，学习如何保持冷静和公正，做出正确的判罚。

四、VR技术应用中的注意事项

（一）技术与教学目标的匹配

在高校体育教学中应用VR技术时，确保技术与教学目标的匹配至关重要。教师需要明确每一项教学活动的目标，并选择相应的VR技术来支持这些目标。例如，如果教学目标是提高学生的篮球投篮技术，教师应选择能够提供精确投篮反馈和指导的VR训练设备。

教师应避免盲目追求技术的先进性，而忽视其实际教学效果。技术应作为实现教学目标的工具，而不是目的本身。在设计教学活动时，教师应结合实际教学需求，合理选择和应用VR技术，确保能够有效提升教学质量和学生的学习效果。

（二）虚拟体验与实际运动的结合

VR技术可以提供逼真的虚拟体验，但它无法完全替代实际的运动实践。教师在应用VR技术时，应注重虚拟体验与实际运动的结合，确保学生在虚拟训练中掌握的技能，在现实中也能够有效应用。

例如，在虚拟篮球训练中，学生可以通过VR设备练习投篮姿势和技巧，但实际的投篮手感和力量控制仍需在现实中进行练习。教师应设计综合的教学活动，将虚拟训练与现实练习相结合，确保学生在虚拟环境中获得的技能和经验能够有效转化为实际的运动表现。

（三）学生身心健康的考虑

在体育教学中应用VR技术需特别注意学生的身心健康。长时间使用VR设备可能会导致视觉疲劳、头晕、恶心等不适症状的出现。因此，教师在设计和实施VR教学活动时，应合理安排使用时间，避免学生长时间连续使用设备。

教师应关注学生的心理健康。VR技术可以模拟高强度和高风险的运动场景，可能会对部分学生造成心理压力。教师应在教学过程中及时关注和了解学生的心理状态，提供必要的支持和指导，帮助学生调适心理，确保他们能够在安全和健康的环境中进行学习和训练。

（四）设备维护与更新

VR设备是应用VR技术的基础，设备的性能和状态直接影响教学效果。高校应建立完善的设备维护和更新机制，确保VR设备的正常运行和及时更新。

教师应定期检查和维护VR设备，及时发现和解决设备故障，确保设备的稳定性和安全性。此外，高校应根据技术的发展和教学需求，及时更新和升级设备，确保能够持续利用最先进和有效的技术手段进行教学。

（五）数据安全与隐私保护

在 VR 技术的应用中，数据安全和隐私保护是不容忽视的问题。VR 设备通常会采集和存储大量的用户数据，包括运动数据、行为数据等。这些数据对于提升教学效果和提供个性化教学指导具有重要价值，但同时也涉及学生的隐私和数据安全。

高校应建立严格的数据管理和保护机制，确保数据的安全存储和使用。教师应在使用 VR 设备前，明确告知学生数据采集的范围和用途，征得学生的同意。同时，高校应采取有效的技术措施，防止数据泄露和非法使用，保护学生的隐私和数据安全。

VR 技术在高校体育教学中的应用具有广泛的前景和显著的优势，但其成功应用需要注意多方面的事项。随着技术的不断进步创新，VR 技术在高校体育教学中的应用将会更加广泛和深入，为体育教育的创新发展提供新的动力和支持。

第三节　互联网＋体育教学

一、互联网＋体育教学概述

（一）定义与内涵

"互联网＋体育教学"是指将互联网技术与体育教学有机结合，利用互联网平台和工具，优化和创新体育教学的内容、方法和模式。它不仅包括在线体育课程的教学，还涉及体育资源的共享、体育数据的分析和体育活动的管理等方面。通过"互联网＋体育教学"，教师可以利用互联网平台发布教学内容、进行实时互动、监测学生的运动数据，从而实现体育教学的数字化、信息化和智能化。

"互联网＋体育教学"的内涵主要体现在以下几个方面：

1.在线教学与资源共享

通过互联网平台，教师可以提供在线课程、视频讲解、技术指导等多种形式的教学，使学生能够随时随地进行学习和练习。同时，互联网平台还可以汇集和共享各种体育资源，如教学视频、训练计划、比赛录像等，为学生提供丰富的学习资料。

2.互动交流与个性化指导

利用互联网平台的互动功能，教师可以与学生进行实时交流，解答问题，提供个性化的指导和反馈。学生可以通过在线平台与教师和同学进行讨论，分享经验和心得，形成良好的学习氛围。

3.数据分析与智能化管理

通过互联网技术和智能设备，教师可以实时监测学生的运动数据，如心率、步数、速度等，并进行分析和评估。基于这些数据，教师可以制订科学合理的训练计划，提供个性化的指导和建议，提升教学效果。同时，互联网平台还可以对体育活动进行智能化管理，如活动报名、赛程安排、成绩记录等，提高管理效率和服务水平。

（二）发展背景

互联网技术的快速发展为"互联网＋体育教学"提供了强有力的技术支持。宽带网络的普及，移动互联网的发展，云计算和大数据技术的应用，使在线教学和数据分析成为可能。同时，智能穿戴设备的普及，为体育数据的实时监测和分析提供了技术基础。随着教育信息化的发展，传统的教学模式和方法面临着改革和创新的需求，特别是体育教学。传统的课堂教学和场地训练难以满足个性化、互动化和智能化的教学需求，通过"互联网＋体育教学"，可以实现教学模式的创新，提升教学效果和学生的学习体验。随着健康意识的提高，社会对体育教育的重视程度不断增加，人们对体育活动的参与需求和质量要求也越来越高。通过"互联网＋体育教学"，可以为更多的人提供便捷、高效的体育教育服务，满足社会对体育教育的多样化需求。

（三）特点与优势

"互联网＋体育教学"具有以下几个显著特点和优势：

1.便捷性和灵活性

通过互联网平台，学生可以随时随地进行学习和练习，不受时间和空间的限制。教师可以灵活安排教学内容和时间，根据学生的需求提供个性化的指导和反馈。

2.资源丰富和共享

互联网平台汇集了大量的体育教学资源,如教学视频、训练计划、比赛录像等,学生可以根据自己的需要选择和学习。同时,教师和学生可以通过平台共享经验和心得,形成良好的学习氛围和资源共享机制。

3.互动性和个性化

互联网平台提供了丰富的互动功能,如在线讨论、实时交流、个性化指导等,教师可以与学生进行实时互动,了解学生的学习情况,提供有针对性的指导和反馈。学生可以通过平台与教师和同学进行讨论,分享经验和心得,提升学习效果。

4.数据驱动和智能化管理

通过智能设备和数据分析技术,教师可以实时监测学生的运动数据,进行科学合理的评估和指导。互联网平台还可以对体育活动进行智能化管理,如活动报名、赛程安排、成绩记录等,提高管理效率和服务水平。

5.创新的教学模式

互联网技术的应用,使体育教学的模式和方法得以创新。通过在线课程、视频讲解、技术指导等多种形式的教学内容,学生可以获得更加丰富和多样的学习体验。同时,基于数据分析和智能化管理,教师可以提供更加科学和个性化的指导,提升教学效果。

6.广泛的社会影响

"互联网+体育教学"可以为更多的人提供便捷、高效的体育教育服务,推动全民健身和健康生活方式的普及。特别是在疫情防控期间,互联网体育教学为学生和家庭提供了重要的体育活动和健康管理方式,发挥了积极的作用。

二、互联网+体育教学的技术基础

(一)云计算

云计算是"互联网+体育教学"的重要技术基础之一,它提供了强大的计算能力和存储能力,使大量体育教学资源和数据得以高效管理和共享。通过云计算,教师可以将教学视频、训练计划、比赛录像等资源上传到云端,学生可以随时随地访问这些资源进行学习和练习。这种资源共享机制不仅提高了教学资源的利用率，还为学生提供了更加便捷的学习途径。

云计算还支持大规模数据处理和分析。体育教学过程中产生的海量数据，如学生的运动记录、心率监测数据、训练效果评估等，都可以通过云计算进行实时处理和分析。基于这些数据，教师可以进行科学的教学评估和个性化指导，提高教学效果。云计算还支持远程协作和在线互动，教师和学生可以通过云平台进行实时交流和讨论，增强教学的互动性和参与度。

（二）大数据

体育教学中产生的大量数据，如运动数据、健康数据、学习行为数据等，都是宝贵的资源。通过大数据技术，可以深度挖掘和分析这些数据，总结出有价值的信息和规律，辅助教学决策和个性化教学。

大数据技术可以帮助教师了解学生的运动习惯、身体状况和学习效果，制订科学合理的训练计划和教学方案。例如，通过分析学生的运动数据，教师可以发现学生在训练中的进步和不足，提供有针对性的指导和改进建议。大数据技术还可以用于健康管理和风险预警，通过分析学生的健康数据，及时发现潜在的健康问题和风险，提供早期干预和管理措施。

（三）物联网

物联网技术在"互联网+体育教学"中起着重要的作用。物联网通过各种传感器和智能设备，将物理世界中的数据实时采集和传输到互联网，实现设备与设备、设备与人之间的互联互通。

在体育教学中，物联网技术可以用于实时监测学生的运动数据和健康状况，提供精准的教学指导和健康管理。例如，智能穿戴设备可以实时监测学生的心率、步数、运动轨迹等数据，通过物联网技术将这些数据传输到教师端，教师可以实时了解学生的运动状态和训练效果，提供个性化的指导和反馈。物联网技术还可以用于体育场地和设备的智能管理，如智能场地预订系统、设备使用监控系统等，提高体育教学的管理效率和服务水平。

（四）移动互联网

移动互联网是"互联网+体育教学"的重要载体。随着智能手机、平板电脑等移动设备的普及，移动互联网为体育教学提供了便捷的学习平台和丰富的互动方式。通过移动互联网，学生可以随时随地进行学习和练习，不受时间和空间的限制。

移动互联网还支持多种形式的教学手段和互动方式，如在线课程、直播教学、互动讨论等。教师可以通过移动互联网平台发布教学视频、组织在线课程、进行实时互动，学生可以通过移动设备参与课程学习、提问讨论、分享心得，形成良好的学习氛围和互动机制。

移动互联网还支持智能化和个性化教学，通过移动应用和智能设备，教师可以实时监测学生的运动数据和学习进度，提供个性化的指导和反馈，提升教学效果和学生的学习体验。

（五）人工智能

人工智能技术为"互联网+体育教学"提供了强大的技术支持。人工智能通过机器学习、深度学习等技术，可以对海量数据进行分析和处理，提供智能化的教学指导和决策支持。

在体育教学中，人工智能可被用于运动数据分析和技术评估。通过对学生的运动数据进行智能分析，人工智能可以识别学生的技术动作和运动模式，发现问题和不足，提供精准的改进建议和训练方案。例如，通过视频分析技术，人工智能可以对学生的投篮动作进行细致的分析，识别出动作中的错误和缺陷，提供具体的改进建议。

人工智能还可以用于个性化教学和学习推荐。基于学生的运动数据和学习行为数据，人工智能可以智能推荐适合的学习内容和训练计划，提供个性化的教学指导。此外，人工智能还可被用于智能辅导和虚拟教练，通过自然语言处理和智能对话技术，人工智能可以模拟教师与学生进行互动交流，解答问题，提供教学建议和指导，提升学生的学习效果。

通过综合运用这些技术，教师可以实现体育教学的数字化、信息化和智能化，提高教学效果和学生的学习体验。同时，这些技术的应用还推动了体育教学模式的改革和创新，为体育教育的发展提供了新的动力和支持。在实际应用中，教师应结合具体教学需求和学生特点，合理选择和应用这些技术，确保"互联网+体育教学"能够充分发挥优势，提升体育教学的质量和效果。

三、互联网+体育教学的应用模式

（一）在线课程（MOOC，SPOC）

在线课程是"互联网+体育教学"的核心应用模式之一，主要包括MOOC

（大规模开放在线课程）和 SPOC（小规模私密在线课程）。MOOC 和 SPOC 通过互联网平台提供高质量的教学内容，学生可以随时随地进行学习和练习。

MOOC 平台汇集了大量的体育教学资源和课程，学生可以免费或付费注册，按照自己的进度进行学习。例如，Coursera、edX 等国际知名 MOOC 平台提供了丰富的体育课程，如运动生理学、运动营养学、健身训练等。通过 MOOC，学生可以接触到世界各地的顶尖教师和教学资源，提升自己的体育知识和技能。

与 MOOC 相比，SPOC 课程规模较小，通常面向特定的学生群体，提供更个性化和互动性强的教学服务。例如，高校可以为体育专业学生开设 SPOC 课程，结合在线教学和线下实践，提供定制化的教学内容和指导。通过 SPOC 课程，教师可以更加关注每个学生的学习进度和需求，提供有针对性的反馈和帮助，提升教学效果。

（二）混合式教学

混合式教学是"互联网＋体育教学"的一种重要模式，它结合了传统课堂教学和在线教学的优势，通过线上线下相结合的方式，给学生带来更加灵活和多样的学习体验。

在混合式教学中，学生可以通过在线平台进行预习和学习，观看教学视频、阅读资料、完成在线测验等。线上学习使学生可以按照自己的节奏进行学习，充分利用碎片化时间，掌握理论知识和基本技能。例如，在体育解剖学课程中，学生可以通过在线平台学习人体结构和功能，为后续的实践课程打下基础。在线学习完成后，学生可以在课堂上进行实践和讨论，应用所学知识进行实际操作和训练。教师可以在课堂上进行技术指导和演示，组织学生进行互动讨论和实战练习。例如，在篮球技术训练课程中，学生在在线平台学习了基本的运球和投篮技巧后，可以在课堂上进行实际练习，教师可以进行现场指导和纠正。

混合式教学模式通过线上线下的有机结合，既发挥了在线学习的灵活性和资源丰富性，又保留了传统课堂教学的互动性和实践性，提高了教学效果和学生的学习体验。

（三）翻转课堂

翻转课堂是一种创新的教学模式，通过颠倒传统的教学流程，将知识传授和课堂活动进行重新配置。在翻转课堂中，学生在课前通过在线平台进行自主学习，课堂时间则用于讨论、实践和深入研究。

学生在课前通过在线平台观看教学视频、阅读教材和资料，完成知识的初步学习。教师可以设计丰富的在线学习内容，如讲解视频、案例分析、模拟练习等，帮助学生掌握基础知识和技能。例如，在体操课程中，学生可以在课前观看体操动作的示范视频，学习动作要领和技巧。

在课堂上，教师可以组织学生进行讨论、答疑和实践活动，应用课前学习的知识进行深度学习和技能训练。例如，在体操课程的课堂上，教师可以组织学生进行分组练习，指导他们完成动作，并进行现场纠正和评估。通过课堂互动和实践，学生可以加深对知识的理解，提高实际操作能力。

翻转课堂通过将知识传授和实践活动进行重新配置，提高了课堂时间的利用效率，增强了学生的自主学习能力和课堂参与度，提升了教学效果。

（四）移动学习

移动学习是"互联网+体育教学"的另一种重要模式，通过移动设备和应用，为学生提供随时随地的学习和练习机会。随着智能手机、平板电脑等移动设备的普及，移动学习已成为一种便捷和高效的学习方式。

移动学习通常通过专门的学习应用实现，这些应用提供丰富的教学资源和互动。学生可以通过移动应用观看教学视频、阅读资料、完成测验和练习。例如，MyFitnessPal（减肥宝）、Nike Training Club（耐克健身俱乐部）等应用提供了丰富的健身课程和训练计划，学生可以按照自己的需求进行选择和学习。移动学习，结合智能穿戴设备，可以实现实时监测和反馈。通过智能手环、智能手表等设备，学生可以实时监测自己的运动数据，如步数、心率、卡路里消耗等，了解自己的运动状态和效果。教师可以通过移动应用查看学生的运动数据，提供个性化的指导和反馈，帮助学生调整训练计划，提升训练效果。移动学习还可以利用社交功能，增强学生间的互动和激励。例如，学生可以通过移动应用与同学分享学习成果和训练进展，参加在线讨论和比赛，形成良好的学习氛围和竞争机制。通过社交互动和激励，学生可以保持学习和训练的动力，提升学习效果。

四、互联网+体育教学中教师角色的转变

（一）从知识传授者到学习引导者

在传统体育教学中，教师的主要角色是知识传授者，通过讲解和示范，将体育知识和技能传授给学生。然而，在"互联网+体育教学"模式下，教师的角色发生了显著的转变，逐渐从知识传授者转变为学习引导者。这种转变强调学生的自主学习和主动探究，教师则更多地扮演引导和支持的角色。

作为学习引导者，教师需要设计和组织丰富的学习活动，引导学生在在线平台和实际训练中自主学习。例如，学生在进行在线篮球课程的学习时，教师可以提供多样化的学习资源，如视频教程、训练计划和案例分析，并引导学生在课前自主学习和实践。在课堂上，教师通过讨论和答疑，帮助学生解决问题，深化对知识的理解。在这种模式下，学生通过自主学习和探索，掌握知识和技能，教师则通过引导和支持，促进学生的自主学习能力和创新思维的提升。

（二）从课堂管理者到学习环境设计者

在传统体育教学中，教师往往是课堂管理者，负责维持课堂秩序、组织教学活动和监督学生行为。然而，在"互联网+体育教学"模式下，教师的角色逐渐从课堂管理者转变为学习环境设计者。这种转变要求教师不仅要组织和管理教学活动，还要创造一个支持学生自主学习和互动交流的学习环境。

作为学习环境设计者，教师需要设计和创建多样化、互动性强的学习环境。例如，教师可以利用在线平台和移动应用，安排丰富的学习内容和互动活动，如在线讨论、实时反馈和虚拟比赛等。此外，教师还需要注重学习环境的物质和心理支持，为学生提供安全、舒适和积极的学习氛围。例如，在实际训练中，教师可以通过设置合理的训练强度和休息时间，确保学生的身心健康和训练效果。

通过设计和创建支持学生自主学习和互动交流的学习环境，教师可以激发学生的学习兴趣和参与积极性，提升学习效果和体验。

（三）从评价者到学习伙伴

在传统体育教学中，教师通常扮演评价者的角色，通过考试和测评对学生的表现进行评估和打分。然而，在"互联网+体育教学"模式下，教师的角色

逐渐从评价者转变为学习伙伴。这种转变强调教师与学生之间的互动和合作，通过共同探讨和反思，促进学生的全面发展。作为学习伙伴，教师需要与学生建立平等、开放和互动的关系，鼓励学生积极参与教学活动，共同探讨和解决问题。例如，在在线课程的讨论中，教师可以与学生一起参与讨论和互动，分享经验和观点，启发学生的思维和创造力。此外，教师还需要关注学生的个性化需求和发展，通过个性化指导和反馈，支持学生的全面发展。

通过与学生建立平等、开放和互动的关系，教师可以更好地了解学生的需求和特点，提供有针对性的指导和帮助，促进学生的自主学习和全面发展。

第五章　高校个性化体育教学方法

第一节　个性化教学的必要性

一、个性化教学的概念与内涵

个性化教学是一种以学生为中心，根据每个学生的独特需求、兴趣、能力和学习风格，量身定制教学内容、方法和进度的教学模式，目的是通过差异化的教育策略，帮助每个学生充分发挥潜力，最大限度地促进全面发展和个性化成长。个性化教学强调尊重学生的个体差异，鼓励自主学习和主动探究，提供灵活多样的学习途径和资源支持。

个性化教学具有以下几个显著特征：

首先，以学生为中心，根据每个学生的需求和特点，制订个性化的教学计划和目标。教师在教学过程中更多地扮演引导者和支持者的角色，帮助学生自主学习和探索。

其次，注重学生的个体差异，提供多样化的教学内容和方法。教师根据学生的学习进度和能力水平，灵活调整教学策略和手段，确保每个学生都能在适合自己的节奏中学习和发展。

再次，提供丰富的学习资源和途径，如在线课程、实验活动、小组讨论等，满足不同学生的学习需求。学生可以选择适合自己的学习方式和内容，自主安排学习时间和进度。

从次，强调学生的自主学习和主动探究，鼓励学生提出问题、分析问题和解决问题。教师通过提供必要的指导和支持，帮助学生发展自主学习能力和创新思维。

最后，注重过程评估和及时反馈，通过持续监测学生的学习进度和表现，提供个性化的指导和改进建议,帮助学生不断提升学习效果和自我管理能力。

个性化教学与传统教学在多个方面存在显著区别:

(一)教学目标

传统教学以传授知识和技能为主要目标,强调标准化和统一性。个性化教学则以促进学生的全面发展和个性化成长为目标,关注学生的兴趣、能力和个体差异,强调差异化和个性化。

(二)教学方法

传统教学主要采用讲授法和示范法,教师在课堂上集中讲解和示范,学生被动接受知识。个性化教学则采用多样化的教学方法,如自主学习、探究学习、项目学习等,学生在教师的引导下,主动学习和探索,发展自主学习能力和创新思维。

(三)教学内容

传统教学的教学内容通常是统一的、固定的,所有学生学习相同的内容和教材。个性化教学的内容则是灵活的、多样化的,根据学生的需求和兴趣,提供个性化的学习内容和资源。

(四)教学进度

传统教学的教学进度是统一的、固定的,所有学生在相同的时间学习相同的内容。个性化教学的进度则是灵活的、个性化的,根据学生的学习进度和能力水平,灵活调整教学策略和进度。

(五)师生关系

在传统教学中,教师是知识的传授者和课堂的管理者,学生被动接受教师的指导。在个性化教学中,教师是学生的学习引导者和支持者,学生是学习的主体,个性化教学强调让学生进行主动学习和自主探索,教师通过提供必要的指导和支持,帮助学生实现个性化发展和成长。

二、个性化教学在高校体育教学中的重要性

(一)适应学生个体差异

在高校体育教学中,学生的个体差异非常明显,这些差异不仅体现在身体素质和运动技能上,还包括兴趣爱好、学习动机和心理特征。传统的"一刀切"

教学方法难以满足所有学生的需求，导致部分学生无法充分发挥潜力。个性化教学通过尊重和了解学生的个体差异，提供多样化的教学内容和方法，帮助每个学生找到最适合自己的学习方式和运动项目。

在个性化教学中，教师可以根据学生的体能水平和兴趣爱好，设计个性化的训练计划。例如，对于体能较弱但对篮球感兴趣的学生，教师可以设计一套循序渐进的训练计划，逐步提高他们的体能和篮球技术；对于体能较好但对跑步更感兴趣的学生，教师可以提供更高强度的跑步训练计划，帮助他们提高跑步成绩。通过制订个性化的训练计划，每个学生都能在适合自己的节奏中获得进步，增强自信心和学习动力。

（二）提高学习效果和参与度

个性化教学通过提供有针对性的指导和反馈，显著提高了学生的学习效果和参与度。在传统的体育教学中，统一的教学进度和方法常常难以兼顾所有学生的需求，导致部分学生感觉学习内容过于简单或过于困难，从而失去学习兴趣和动力。个性化教学通过灵活调整教学内容和进度，确保每个学生都能在适合自己的难度和节奏中学习，从而提高学习效果。

在个性化教学中，教师可以利用现代技术手段，如智能穿戴设备和数据分析工具，实时监测学生的运动数据和学习进度，根据数据提供个性化的指导和反馈。例如，通过监测学生的心率、步数、运动轨迹等数据，教师可以发现学生在训练中的问题和不足，提供具体的改进建议和训练方案。此外，个性化教学还可以安排丰富的互动活动和项目学习，激发学生的学习兴趣和参与度。例如，教师可以组织学生参与团队项目，如设计和实施校园健身活动，培养学生的团队合作能力和实践能力，提高他们的学习积极性和参与度。

（三）培养学生自主学习能力

个性化教学强调学生的自主学习和主动探究，注重培养学生的自主学习能力和创新思维。在传统的体育教学中，学生往往被动接受教师的指导和安排，缺乏自主学习和探究的机会。在个性化教学中，教师更多地扮演引导者和支持者的角色，鼓励学生提出问题、分析问题和解决问题，激发他们的自主学习能力。

教师可以提出一些开放性和探究性的问题，让学生在实际训练和实验中寻找答案和解决方案。例如，在体能训练中，教师可以让学生自己设计一套训练计划，并在训练过程中记录数据、分析效果，通过实践和反思，不断改进和优化训练方案。通过这样的自主学习活动，学生不仅能够掌握科学的训练方法和技能，还能培养独立思考和解决问题的能力。此外，个性化教学还可以通过项目学习和合作学习，培养学生的团队合作能力和沟通能力。例如，教师可以组织学生分组进行项目研究，调查和分析不同运动项目对身体健康的影响，设计和实施一项健康生活方式推广活动等。在这些项目中，学生需要进行资料查找、数据分析、实验设计、具体实施和结果展示等活动，通过合作和讨论，共同完成任务。通过这些实践活动，学生不仅能够学到丰富的体育知识和技能，还能发展团队合作能力和沟通能力，培养创新精神和团队意识。

（四）促进学生全面发展

个性化教学不仅关注学生运动技能和体能的发展，还注重学生的心理健康、社会适应能力和综合素质的全面发展。传统的体育教学往往侧重于体能和技能的训练，忽视了学生的心理健康和社会适应能力的发展。个性化教学通过综合考虑学生的生理、心理和社会需求，提供全面的教育支持，促进学生的全面发展。

在个性化教学中，教师不仅关注学生的运动表现，还关注他们的心理健康和情感需求。例如，通过心理辅导和情感支持，帮助学生形成积极的运动态度和健康的生活方式，增强他们的自信心和抗压能力。此外，还可以组织社会实践和服务活动，培养学生的社会责任感和公民意识。例如，教师可以组织学生参与社区服务和公益活动，如组织和参加社区健身活动、宣传健康生活方式等，通过这些实践活动，培养学生的社会责任感和服务意识，提高他们的社会适应能力和综合素质。

个性化教学还可以通过跨学科的整合，丰富学生的知识结构并开阔他们的视野。教师可以将体育与科学、艺术、历史等学科结合起来，设计跨学科的学习项目和活动。例如，通过科学实验和数据分析，探究不同运动项目对身体健康的影响；通过艺术创作和展示，表达和记录运动中的感受和体验；通过历史学习和文化探究，了解不同国家和地区的体育文化和传统。通过这些跨学科的学习活动，学生不仅能够拓宽知识面，还能培养综合思维和创新能力。

三、高校体育教学中实施个性化教学的现实需求

（一）学生身体健康水平的差异

高校学生在身体健康水平上存在显著差异，有些学生身体较好，耐力、力

量等方面表现优异，而另一些学生可能由于缺乏运动或其他原因，身体相对较弱。传统的体育教学方法常常无法有效兼顾这些差异，导致身体较好的学生感到训练强度不足，身体较弱的学生难以跟上训练进度。个性化教学可以根据每个学生的身体健康水平，制订适合他们的训练计划，确保每个学生都能在适合自己的强度下进行锻炼，从而提高整体教学效果。

通过体能测试和健康评估，教师可以全面了解每个学生的身体状况，进而设计个性化的训练方案。例如，对于身体较弱的学生，可以设计低强度、有氧为主的训练计划，逐步增强他们的体质；对于身体较好的学生，则可以增加训练强度和难度，进一步提升他们的运动能力。这样的差异化教学不仅可以有效提升学生的身体健康水平，还能避免因训练强度不适导致运动损伤和心理压力。

（二）运动技能基础的不同

学生在入学时，运动技能基础存在较大差异。有些学生在中学时期参加过专业训练，拥有较高的运动技能水平，而另一些学生可能很少参加体育运动，技能基础较弱。传统的教学方法难以合理弥补这种技能水平的差异，导致部分学生感到学习压力大，部分学生则感到学习缺乏挑战性和进步空间。个性化教学可以为不同技能基础的学生，提供分层次的教学内容和练习方法，使每个学生都能选择适合自己运动水平的内容进行学习和提升。

在实际教学中，教师可以通过技能测试和观察，了解每个学生的运动技能基础，进而设计分层次的教学计划。例如，在篮球课程中，可以将学生分成基础班和进阶班，基础班主要教授基本的运球、传球和投篮技巧，进阶班则侧重于战术演练和比赛经验的积累。通过这样的分层教学，既能帮助基础较弱的学生夯实基础，又能为基础较好的学生提供更多的挑战和提升机会，全面提高学生的运动技能水平。

（三）兴趣爱好的多样性

学生对不同运动项目的兴趣存在多样性，有些学生喜欢团队运动，如篮球、足球、排球等，而另一些学生则偏爱个人运动，如跑步、游泳、网球等。传统的体育教学方法通常以固定的课程内容为主，难以满足学生多样化的兴趣需求，导致部分学生对体育课程缺乏兴趣和积极性。个性化教学可以根据学生的兴趣爱好，提供多样化的课程选择和个性化的训练计划，激发学生的学习热情和参与积极性。

通过调查和交流，教师可以了解每个学生的运动兴趣和偏好，进而设计丰富多样的课程内容和活动。例如，教师可以开设多种选修课程，如瑜伽、健身操、太极拳等，让学生根据自己的兴趣选择学习内容。教师还可以组织各类体育俱乐部和社团活动，鼓励学生参与自己感兴趣的运动项目，培养他们的运动习惯和团队精神。这样的多样化教学模式不仅可以满足学生的兴趣需求，还能培养他们的运动兴趣和长期运动习惯。

（四）未来职业发展的需求差异

随着社会的发展和职业需求的变化，学生在未来职业发展上的需求也越来越多样化。部分学生可能希望从事与体育相关的职业，如体育教练、运动康复师、体育管理者等，而另一些学生则可能将体育作为一种兴趣爱好和健康生活方式，未必与职业发展直接相关。传统的体育教学方法往往侧重于体能和技能的训练，忽视了学生职业发展的个性化需求。个性化教学可以根据学生的职业发展需求，提供有针对性的教学内容和指导，帮助他们为未来职业发展做好准备。

在实际教学中，教师可以通过职业咨询和指导，了解学生的职业发展意向，并结合体育课程设计和实践活动，为学生提供个性化的职业发展支持。例如，对于希望从事体育教练职业的学生，教师可以提供更多的教学理论和实践机会，培养他们的教学能力和管理能力；对于希望从事运动康复职业的学生，教师可以增加运动生理学、康复训练等方面的课程和实践，提升他们的专业知识和技能。通过这样的个性化指导，教师可以帮助学生在大学期间做好职业规划和准备，提高他们的职业竞争力和发展潜力。

第二节　个性化教学方案的设计

一、个性化教学方案设计的原则

（一）学生为中心

在个性化教学方案设计中，学生为中心的原则是最基本和最重要的。该原则强调教学活动应以学生的需求、兴趣、能力和个体差异为出发点，充分考虑学生的实际情况，量身定制教学内容和方法。学生在个性化教学中不仅是学习的主体，更是参与者和决策者。

为实现学生为中心的原则，教师需要深入了解每个学生的身体素质、运动能力、兴趣爱好和学习风格，可以通过问卷调查、面谈、体能测试等多种方式获得。之后，教师可以根据他们的具体情况，设计不同的训练计划和学习活动。例如，对于喜欢团队运动的学生，教师可以安排更多的集体项目如篮球和足球，而对于偏爱个人项目的学生，可以设计个性化的游泳或跑步训练计划。

学生为中心还意味着教师需要尊重和鼓励学生的自主选择和决策。教师应给予学生更多的学习自主权，让他们参与到教学内容和活动的选择中来。例如，教师可以提供多样化的选修课程，让学生根据自己的兴趣和需求选择学习内容。这不仅能激发学生的学习兴趣和积极性，还能培养他们的自主学习能力和决策能力。

（二）目标导向

目标导向原则要求个性化教学方案设计必须有明确的教学目标，这些目标应具体、可测量、可实现，并与学生的个性化需求和发展方向相一致。教学目标可以是短期的，如提高某项运动技能，或长期的，如培养学生的终身运动习惯和健康生活方式。

在设计个性化教学方案时，教师首先需要明确总体目标，然后分解为具体的阶段性目标和任务。例如，要提高学生的跑步能力，总体目标可以是提升学生的跑步速度和耐力，具体目标可以分解为每月提高一定的跑步距离或时间，以及掌握正确的跑步技巧和姿势。

目标导向还要求教学活动和评估标准要紧密围绕设定的目标进行。教师需要设计一系列有针对性的训练活动，逐步实现设定的目标，并通过持续的评估和反馈，监控和调整教学进度，确保目标的实现。例如，教师可以通过定期测试和数据分析，评估学生在不同阶段的进步情况，及时调整训练计划，帮助学生更好地实现目标。

（三）灵活多样

个性化教学方案应具备灵活多样的特征，以适应学生的个体差异和个性化需求。灵活多样的原则要求教师在教学内容、方法、形式和节奏上都保持灵活性，根据学生的反馈和需求，随时进行调整和优化。

在教学内容方面，教师应提供丰富多样的学习资源和活动选择。例如，可以将传统的体育项目（如篮球、足球）和新兴的健身活动（如瑜伽、健身操）相结合，满足学生多样化的兴趣和需求。在教学方法上，教师应综合运用讲授法、示范法、合作学习、探究学习等多种方法，根据不同的教学目标和学生特点选择最适合的方法。

灵活多样还体现在教学形式和节奏的安排上。教师可以采用线上与线下相结合、自主学习与集体训练相结合的形式，灵活安排教学时间和进度。例如，学生可以通过在线平台进行自主学习和预习，在实际课堂上进行讨论和实践。教师还可以根据学生的学习进度和反馈，及时调整教学节奏和内容，确保每个学生都能在适合自己的节奏中进行学习和训练。

（四）可操作性

可操作性原则要求个性化教学方案不仅要具有科学性，还要具有实际的可操作性，确保方案能够在实际教学中有效实施。好的个性化教学方案应简明清晰，具体可行，便于教师操作和学生理解。

在方案设计中，教师应详细规划每个教学环节和步骤，明确具体的操作方法和要求。例如，在设计跑步训练计划时，教师应详细说明每次训练的时间、强度、方式和注意事项，并提供必要的技术指导和辅助工具。此外，教师应设计可行的评估和反馈机制，通过持续的评估和反馈，了解学生的学习情况，及时发现和解决问题。

可操作性还要求方案具有一定的适应性和可调整性，能够根据实际情况和学生的反馈进行调整和优化。例如，教师应定期收集学生的反馈和建议，根据实际教学效果和学生的需求，调整和改进教学方案，确保方案始终保持高效性和可操作性。

二、个性化教学方案设计的步骤

（一）分析学生需求

个性化教学方案设计的首要步骤是分析学生需求。这一步至关重要，因为个性化教学的核心在于满足学生的个性化需求。通过全面的需求分析，教师能够准确了解学生的身体素质、运动技能水平、兴趣爱好和学习目标，从而为制定个性化教学方案奠定基础。可采用以下方法了解学生情况：

1. 问卷调查

设计详细的问卷，内容涵盖学生的健康状况、运动经历、兴趣偏好和学习目标等方面。通过问卷调查，收集学生的基本信息和需求。

2. 面谈和访谈

与学生进行一对一或小组面谈或访谈，深入了解他们的运动习惯、学习动机和个人期望。面谈或访谈可以补充问卷调查的不足，获取更具体的个体信息。

3. 体能测试

进行全面的体能测试，评估学生的体能水平和运动能力。测试项目可以包括心肺耐力、力量、速度、柔韧性等方面。

4. 观察记录

在日常教学活动中，教师通过观察学生的运动表现和活动参与情况，记录他们的优点和不足，形成对学生的全面了解。

通过这些方法，教师可以全面了解学生的个体差异和具体需求，为后续的教学目标制定和内容选择提供依据。

（二）制定教学目标

在充分了解学生需求的基础上，教师需要制定明确的教学目标。教学目标是个性化教学方案的核心和指引，应具体、可测量、可实现，并符合学生的个性化需求和发展方向。

根据学生的整体情况和需求，确定总体教学目标。例如，增强学生的心肺耐力、提高特定运动技能、培养健康生活方式等。将总体目标分解为若干阶段性目标，明确每个阶段的具体任务和要求。例如，逐月提高学生的跑步耐力、每周掌握一个新的篮球技巧等。根据学生的个体差异，为每个学生设定个性化的学习目标。例如，对于体能较弱的学生，目标可以是逐步增强体质；对于运动技能较好的学生，目标可以是提高技术细节和战术理解。通过这些步骤，教师可以制定系统、明确的教学目标，为个性化教学方案提供明确的方向和标准。

（三）选择与组织教学内容

在明确教学目标后，教师需要选择和组织适合的教学内容。这一步要求教师根据学生的需求和目标，提供和安排丰富多样的学习资源和活动，确保教学内容能够全面覆盖学生的学习需求。

选择与教学目标和学生需求高度相关的内容，确保学习内容有助于实现设定的目标。提供多样化的学习内容，涵盖不同的运动项目、技术技能和理论知识。例如，教师可以选择篮球、跑步、游泳等多种运动项目，以及运动生理学、营养学等理论课程。内容选择应适应学生的个体差异和学习进度，提供不同难度和层次的学习材料。例如，对于初学者，提供基础技能和入门知识；对于进阶学生，提供高级技术和战术训练。

将教学内容划分为若干模块，每个模块涵盖一个特定的主题或技能，学生可以根据需求选择学习。例如，将篮球教学分为运球、传球、投篮、防守等模块。设计综合性的学习项目，学生通过完成项目任务，整合和应用所学知识。例如，组织校园篮球联赛项目，学生需要进行赛前训练、比赛策划和实施等。将体育与其他学科内容结合，提供跨学科的学习体验。例如，将运动生理学与健康教育结合，讲解运动对身体健康的影响。通过精心选择和组织教学内容，教师可以提供丰富多样的学习资源，满足学生的个性化学习需求。

（四）设计教学策略

设计教学策略是个性化教学方案的关键环节，教师需要根据教学目标和内容，设计具体的教学方法和活动，确保每个学生都能有效参与和学习。根据学生的个体差异，设计多样化的教学活动和方法。例如，对于技能基础较弱的学生，进行更多的示范和指导；对于技能掌握较好的学生，提供更多的自主练习和挑战任务。鼓励学生参与讨论、合作学习和项目活动，增强学习的互动性和参与感。例如，组织学生分组进行篮球战术演练，通过讨论和实践提高战术理解。提供自主学习的机会和资源，鼓励学生自我探究和反思。例如，通过在线平台提供学习材料和自测工具，学生可以自主安排学习时间和进度。将教学内容与实际生活和运动情境结合，增强学习的现实感和应用性。例如，在跑步训练中，模拟比赛情境，让学生在实际情境中进行训练和评估。通过设计多样化和互动性的教学策略，可以提高学生的学习效果和参与度，促进个性化学习的实现。

（五）制定评价方案

个性化教学需要持续的评估和反馈，以监测学生的学习情况和效果，从而及时调整教学策略和内容。评价方案应科学合理，全面覆盖学生的学习表现和进步情况。

采用多种评价方式，如过程性评价、终结性评价、自我评价和同伴评价，全面了解学生的学习情况。例如，通过定期测验、训练记录、比赛成绩等进行过程性和终结性评价，通过学生自评和同伴互评了解他们的学习体验和建议。根据每个学生的个性化目标和需求，制定个性化的评价标准和指标。例如，对于不同体能水平和技能基础的学生，设置不同的评价标准，确保评价的公正和合理。通过持续的评估和反馈，帮助学生了解自己的学习进步和不足，提供具体的改进建议。例如，通过训练数据分析，发现学生在练习某项技能时的不足，要及时给予有针对性的指导和练习建议。评价不仅关注学生的当前表现，还应关注他们的发展潜力和长期进步。例如，通过对比不同阶段的训练数据，评估学生的持续进步情况，激励他们不断挑战自我，追求更高的目标。通过运用科学合理的评价方案，教师可以全面监测和评估学生的学习效果，及时调整和优化教学方案，确保个性化教学的有效实施。

三、个性化教学方案的主要内容

（一）个性化课程设置

个性化课程设置是高校体育个性化教学方案的核心内容，旨在根据学生的个体差异和兴趣爱好，提供多样化的课程选择和学习路径，以满足学生不同的学习需求和发展目标。

个性化课程设置应涵盖多种类型，包括技能类课程（如篮球、足球、游泳等）、健身类课程（如瑜伽、健身操、力量训练等）、理论类课程（如运动生理学、营养学、健康教育等）和综合类课程（如运动康复、运动管理等）。设计多样化的课程类型，学生可以根据自己的兴趣和需求，选择适合的课程进行学习。将课程内容划分为若干模块，每个模块涵盖一个特定的主题或技能，学生可以根据自己的需求选择学习。例如，在篮球课程中，可以设置基础技能模块、进阶技能模块和战术模块，学生可以根据自己的水平选择相应的模块进行学习。提供灵活的学习路径和进度安排，允许学生根据自己的学习进度和兴趣选择课程和学习时间。例如，可以采用学分制或学年制，让学生在规定的时间内完成一定的学分或课程，灵活安排学习时间和进度。通过多样化、模块化和灵活的课程设置，个性化教学方案能够满足学生的个体需求，激发他们的学习兴趣和积极性，提高学习效果。

（二）分层教学设计

分层教学设计是个性化教学方案的重要内容，根据学生的技能水平和学习进度，分层次进行教学，确保每个学生都能在适合自己的层次上学习和提高。

在教学开始前，进行全面的技能水平评估，了解每个学生的运动技能基础和体能状况。评估可以通过体能测试、技能测试和教师观察等方式进行。根据评估结果，将学生分为不同的层次，如初级、中级和高级。每个层次的学生在技术水平、体能要求和训练强度上有所不同，教师根据层次设计相应的教学内容和活动。针对不同层次的学生，设计分层次的教学计划和活动。例如，初级层次的学生主要学习基本技能和体能训练，中级层次的学生则学习进阶技术和战术，高级层次的学生则进行高强度训练和实战演练。在教学过程中，根据学生的进步情况和反馈，动态调整层次和教学内容。例如，每隔一段时间进行一次评估，根据学生的进步情况，调整他们所在的层次和教学计划，确保教学的灵活性和适应性。

（三）选修课程体系

选修课程体系是个性化教学方案的重要组成部分，通过提供丰富多样的选修课程，让学生根据自己的兴趣和需求选择学习内容，全面提升学生的学习体验和发展潜力。

设计和开设丰富多样的选修课程，包括运动项目、健身课程、理论课程和综合课程等。例如，可以开设篮球、足球、网球、瑜伽、普拉提、运动营养学、运动康复等选修课程，让学生根据自己的兴趣和需求选择学习。选修课程应具备灵活的课程安排，允许学生根据自己的时间和学习进度选择课程和学习时间。例如，可以设置不同时间段和不同学期的选修课程，学生可以根据自己的课程表和兴趣挑选适合的课程进行学习。教师可以提供个性化的学习支持和指导，帮助学生选择适合的选修课程，并在学习过程中提供必要的支持和帮助。例如，可以通过学习顾问、课程辅导和提供学习资源等方式，帮助学生顺利完成选修课程的学习。通过设计和实施选修课程体系，个性化教学方案能够提供丰富多样的学习内容和选择，满足学生的个性化需求，提升他们的学习体验和发展潜力。

（四）课外体育活动设计

课外体育活动设计是个性化教学方案的重要内容，通过设计和组织丰富多样的课外体育活动，促进学生全面发展，提升他们的体育素养和综合能力。

设计和组织多种类型的课外体育活动，包括体育比赛、体育社团、健身活动和户外运动等。例如，可以组织校园篮球联赛、足球比赛、健身挑战赛、户外徒步和攀岩活动等，让学生在丰富多样的活动中感受体育的乐趣和挑战。鼓励学生自主参与和组织课外体育活动，培养他们的组织能力和团队合作精神。例如，可以通过学生体育社团和协会，组织和开展各类体育活动，让学生在参与和组织活动的过程中提升自己的能力和素养。将课外体育活动与教学内容有机结合，丰富教学内容和形式。例如，可以通过体育比赛和实战演练，检验和巩固学生在课堂上学到的技能和知识，提升他们的综合能力。注重课外体育活动的安全和管理，确保学生在活动中的安全。例如，制订详细的活动计划和安全预案，提供必要的安全保障和应急措施，确保活动的顺利进行。通过设计和组织丰富多样的课外体育活动，个性化教学方案能够全面提升学生的体育素养和综合能力，促进他们的全面发展。

四、支持个性化教学的技术手段

（一）Learning Management System（学习管理系统）

LMS（Learning Management System，学习管理系统）是支持个性化教学的重要技术手段之一。LMS通过提供集成化的在线平台，帮助教师管理教学内容、跟踪学生学习进度、评估学习效果，并为学生提供个性化的学习体验。LMS可以帮助教师创建和管理课程内容，包括上传教学视频、课件、作业和测试等。教师可以根据学生的需求和学习进度，灵活调整课程内容和安排。LMS允许教师为每个学生定制个性化的学习路径，设置不同的学习模块和任务，根据学生的学习进度和表现，动态调整学习计划。此外，LMS提供丰富的互动工具，如在线讨论区、实时聊天、视频会议等，促进教师与学生、学生与学生之间的交流和合作，增强学习的互动性和参与感。LMS能够实时跟踪学生的学习进度和表现，记录学生的学习时间、完成情况和测试成绩，为教师提供详细的数据分析和报告，帮助教师了解学生的学习状况。LMS还支持多种评估方式，如在线测试、作业提交、课堂表现等，教师可以根据学生的评估结果，提供及时的反馈和指导，帮助学生改进和提高。通过LMS，教师可以实现个性化教学的精细化管理和高效实施，提升教学效果，丰富学生的学习体验。

(二)自适应学习平台

自适应学习平台是另一种支持个性化教学的关键技术手段。自适应学习平台利用人工智能和大数据技术,能够根据学生的学习行为和表现,动态调整教学内容和路径,提供高度个性化的学习体验。自适应学习平台会通过收集和分析学生的学习数据,如答题情况、学习时间、点击行为等,了解学生的学习风格、能力水平和知识掌握情况。基于这些数据,平台可以为每个学生推荐最适合的学习内容和资源,调整学习路径和进度。例如,当学生在学习某知识点遇到困难时,平台会自动提供更多的练习题和辅助资料,帮助学生巩固理解;当学生表现出较高的知识掌握水平时,平台会推送更高级的内容和挑战任务,激发学生的学习兴趣和动力。自适应学习平台还可以提供实时反馈和个性化指导,帮助学生及时发现和纠正错误,提升学习效果。通过利用自适应学习平台,个性化教学能够更加精准和高效,满足学生多样化的学习需求,促进他们的全面发展。

(三)大数据分析

大数据分析在个性化教学中发挥着重要作用,通过对海量学习数据的深度挖掘和分析,为教学决策和个性化指导提供科学依据。大数据分析可以全面收集和整合学生的学习数据,包括学习行为、测试成绩、课堂表现、作业完成情况等,通过数据挖掘和建模,揭示学生的学习规律。例如,教师可以通过大数据分析,了解哪些知识点是学生普遍的薄弱环节,哪些教学方法对学生最有效,以及学生在不同学习阶段的表现变化情况。基于这些分析结果,教师可以有针对性地调整教学策略和内容,为每个学生提供个性化的指导和支持。大数据分析还可以用于预测学生的学习趋势,提前发现学习困难和潜在问题,及时采取干预措施,帮助学生克服学习问题,提高学习效果。通过大数据分析,个性化教学能够更加科学和精准,更好地提升教学效果和学生的学习体验。

(四)人工智能辅助

人工智能辅助是实现个性化教学的重要技术手段之一,运用智能化的教学工具和系统,提供个性化的学习支持和服务。人工智能可以在个性化教学中扮演不同角色,如智能导师、智能评估和智能推荐等。作为智能导师,人工智能可以采用自然语言处理和智能对话技术,与学生进行互动交流,解答学生的问题,提供学习建议和指导。例如,学生在学习过程中遇到问题时,可以通过智能辅导系统获取即时的帮助和解答,提升学习效果。在智能评估方面,人工智能可以采用自动化的评估工具，对学生的作业、测试和表现进行实时评估，提供精准和客观的反馈。例如，运用智能批改系统，学生的作业可以得到快速而详细的批改和评价，帮助学生及时发现和纠正错误。人工智能可以通过学习算法和推荐系统，根据学生的学习情况和兴趣，推荐最适合的学习内容和资源。例如，通过个性化推荐系统，学生可以获得有针对性的学习材料和练习题，提升学习效果并丰富学习体验。通过人工智能辅助，个性化教学能够更加智能和高效，满足学生多样化和个性化的学习需求，促进他们的全面发展。

第三节 个性化教学案例分析

一、基于学生身体健康水平的分层教学

（一）案例背景

随着社会对大学生身体健康水平的重视，河北某高校决定在体育教学中实施分层教学，以更好地适应学生的个体差异，提升整体教学效果和学生的身体健康水平。传统的统一教学模式无法充分照顾到身体健康水平差异较大的学生群体，导致部分学生无法有效参与，学习效果不理想。因此，该高校决定采用分层教学的方式，根据学生的身体健康水平进行分类，设计不同层次的教学内容和训练计划。

（二）实施过程

在学期初，高校对所有学生进行了全面的身体健康评估。评估内容包括身体素质测试（如跑步、跳远、仰卧起坐等）、健康状况调查（如BMI、心肺功能等）及学生的运动史和兴趣爱好。根据评估结果，学生被分为初级、中级和高级三个层次。

针对不同层次的学生，体育教师设计了不同的教学计划。初级层次的学生主要进行基础体能训练和简单的运动技能练习，以增强体质和培养运动兴趣为主。中级层次的学生在基础训练的基础上，增加了专项技能训练和小型比赛，提高运动技能和竞技能力。高级层次的学生则进行高强度的专项训练和战术演练，进一步提升竞技水平和比赛经验。

在实际教学中,学生按照不同的层次进行分组训练和学习。教师根据每个层次的教学计划,开展相应的教学活动。例如,在跑步训练中,初级层次的学生进行低强度的慢跑和耐力训练,中级层次的学生进行中等强度的间歇跑和技术练习,高级层次的学生则进行高强度的速度训练和战术演练。教师在每个层次的训练中,提供有针对性的指导和反馈,帮助学生不断提高。

在教学过程中,高校定期对学生的身体健康水平进行监测和评估,根据学生的进步情况和反馈,动态调整层次和教学内容。例如,每学期进行一次综合评估,根据评估结果,对部分学生进行层次调整,确保教学的适应性和有效性。

(三)效果评估

通过一学期的分层教学,高校对教学效果进行了全面评估。评估结果显示,分层教学显著提高了学生的身体健康水平和运动技能,学生的参与度和积极性也得到了显著提升。具体评估结果包括:

1.身体健康水平提升:初级层次的学生在体能测试中取得了明显进步,心肺功能和肌肉力量有所增强。中级和高级层次的学生在专项技能和比赛成绩方面也有显著提高。

2.学生参与度提高:分层教学激发了学生的运动兴趣和参与积极性,学生在体育课上的出勤率和参与度显著提高。学生普遍反映,分层教学使他们能够在适合自己的层次上进行学习和训练,感受到了更多的成就感和乐趣。

3.教学效果显著:教师反馈,分层教学使他们能够更有针对性地进行指导和教学,提高了教学的有效性和科学性。通过分层次的教学,学生的学习效果和运动技能得到了全面提升。

(四)经验总结

通过实施基于学生身体健康水平的分层教学,该校积累了一些宝贵的经验。

首先,全面、科学的身体健康评估是分层教学的基础。高校应建立完善的评估体系,定期对学生进行评估,确保评估结果的准确性和科学性。

其次,针对不同层次的学生,设计多样化的教学计划,满足学生的个性化需求。教学计划应具有灵活性和可调整性,根据学生的进步情况和反馈,进行动态调整。教师在教学过程中应注重个性化指导和反馈,了解每个学生的特点和需求,提供有针对性的建议和帮助,促进学生的全面发展。通过分层教学,激发学生的运动兴趣和参与积极性,学生在适合自己的层次上进行学习和训练,感受到更多的成就感和乐趣。

最后，分层教学需要持续的监测和评估，根据评估结果动态调整教学内容和层次，确保教学的适应性和有效性。

总的来说，基于学生身体健康水平的分层教学，不仅有效提高了学生的身体健康水平和运动技能，还显著提高了学生的参与度和学习效果。这一教学模式为高校体育教学提供了新的思路和方法，有助于促进学生的全面发展。

二、兴趣导向的体育选修课程体系

（一）案例背景

随着教育理念的更新和学生个性化需求的增加，某高校决定改革传统的体育教学模式，建立兴趣导向的体育选修课程体系。传统的体育课程往往单一、固定，难以满足学生多样化的兴趣和需求，导致学生参与积极性不高。为了激发学生的运动兴趣，培养终身体育习惯，该高校决定根据学生的兴趣爱好，设计和开设丰富多样的体育选修课程，旨在为学生提供更多的选择和个性化的学习体验。

（二）课程设置

在设计选修课程体系时，该校首先进行了广泛的学生需求调查，了解学生的兴趣爱好和期望。根据调查结果，该校开设了多种类型的体育选修课程，涵盖传统体育项目、新兴健身活动和理论课程等，具体设置如下：

传统体育项目：篮球、足球、排球、网球、羽毛球、乒乓球等。这些项目具有广泛的群众基础和较高的参与度，能够满足大多数学生的运动需求。

新兴健身活动：瑜伽、普拉提、健身操、跆拳道、拳击、有氧舞蹈等。这些项目不仅能提高学生的体能，还能增强他们的灵活性、协调性和心理素质。

理论课程：运动生理学、运动营养学、运动心理学、健康教育等。这些课程旨在帮助学生了解运动的科学原理和健康知识，培养他们科学的锻炼习惯和健康的生活方式。

综合课程：户外运动（如徒步、攀岩、露营等）、团队合作项目（如团队拓展训练）等。这些课程注重实践和团队合作，旨在培养学生的综合素质和团队精神。

(三) 学生选课与管理

为了确保选修课程体系的顺利实施，该校设计了一套完善的学生选课与管理制度。

1. 选课系统

该校开发了在线选课系统，学生可以通过系统浏览所有选修课程的介绍、课程安排和教师信息，根据自己的兴趣和时间选择适合的课程。选课系统还提供课程容量、剩余名额等信息，方便学生及时调整选课计划。

2. 选课指导

在选课开始前，该校会组织选课指导活动，向学生介绍各类选修课程的内容和特点，帮助学生做出合理的选择。该校还设立选课咨询服务，由体育教师和教务人员提供个性化的选课建议和指导。

3. 课程管理

选修课程的管理由教务处和体育学院共同负责。教务处负责课程的统筹安排和选课系统的运行，体育学院负责课程的具体实施和质量监控。该校制定了详细的选修课程管理规定，包括课程考勤、成绩评定、课程评价等，确保课程的有序进行。

4. 评估与反馈

该校建立了选修课程的评估与反馈机制，通过学生评教、课程满意度调查等方式，了解学生对课程的评价和建议。该校根据反馈结果，及时调整和优化课程设置和教学内容，提高课程质量和学生满意度。

（四）效果分析

经过一学年的实施，兴趣导向的体育选修课程体系取得了显著的效果，具体体现在以下几个方面：

由于课程设置丰富多样，学生可以根据自己的兴趣选择课程，参与积极性显著提高。选修课程的出勤率和参与度普遍较高，学生在课堂上表现出更高的热情。

通过多样化的课程训练，学生的运动技能和身体健康水平得到显著提升。例如，选修篮球、足球等项目的学生在技术和战术水平上有了明显进步，选修瑜伽、健身操等项目的学生在体能和灵活性方面有了显著提高。

学生对选修课程体系的满意度普遍较高。在课程评价和满意度调查中，大多数学生表示对课程内容、教学方式和学习体验感到满意，认为选修课程不仅丰富了他们的校园生活，还增强了他们的运动兴趣和健康意识。

学生通过对选修课程的学习和实践，逐渐养成了规律运动的习惯，培养了终身体育的意识和能力。许多学生在课外也积极参加各种体育活动，养成了良好的运动习惯和健康生活方式。

该高校通过实施兴趣导向的体育选修课程体系，积累了宝贵的经验，为其他高校提供了参考和借鉴。

重视学生需求调查：在课程设置前，进行全面的学生需求调查，了解学生的兴趣爱好和期望，根据调查结果设计多样化的课程内容，确保课程设置的针对性和适应性。

完善选课与管理制度：制定科学合理的选课与管理制度，确保选修课程的顺利实施和有序进行。通过选课指导和课程管理等措施，提高选课效率和课程质量。

注重课程质量和效果：在课程实施过程中，注重教学质量和效果，通过评估与反馈机制，了解学生的学习体验和需求，不断优化和改进课程内容和教学方法。

培养终身体育习惯：通过丰富多样的选修课程，激发学生的运动兴趣，培养他们的终身体育意识和能力。鼓励学生在课外积极参加体育活动，养成健康的生活方式。

总的来说，兴趣导向的体育选修课程体系不仅提高了学生的参与度和满意度，还显著提升了学生的运动技能和身体健康水平，为高校体育教学改革提供了有力支持和实践经验。

第六章 高校体育合作学习与团队教学法

第一节 合作学习的理论基础

一、合作学习的概念与内涵

合作学习是一种以小组合作为基础的教学策略和学习方式,通过组建小组,让学生在合作和互动中共同完成学习任务,实现知识的建构和技能的掌握。合作学习强调学生在学习过程中要互相帮助、互相激励,共同探索问题和解决问题,从而达到共同进步和成长的目的。

合作学习与传统学习方式在多个方面存在显著区别。传统学习方式主要以教师为中心,学生通过听讲和记忆来获取知识,学习过程较为抽象和被动,而合作学习则以学生为中心,通过小组合作和互动,共同完成学习任务,学习过程更为具体、主动。

在传统学习中,教师是知识的传授者,学生是知识的接受者,教师在课堂上占据主导地位,学生较少参与。在合作学习中,教师是引导者和促进者,学生是学习的主体,教师通过设计和组织合作活动,促进学生的自主学习和合作互动。在传统学习中,学生的学习动力主要来自外部压力,如考试和成绩。合作学习通过小组合作和互助,激发学生的内在学习动力,增强学生学习的兴趣和积极性。小组成员之间的互相激励和支持,能够让学生在学习过程中更加投入和主动。在传统学习中,主要通过教师的讲解传授知识,学生被动地接受和记忆。在合作学习中,小组成员通过互动和合作学习知识,共同探讨和解决问题,主动建构和内化知识。学生通过合作学习,不仅掌握了知识,还发展了批判性思维和解决问题的能力。传统学习方式主要通过个体的考试和测验进行评估,侧重于对学生知识掌握情况的评价,而合作学习则注重对小组合作情况和结果的评估，结合个体评估和小组评估，关注学生在合作过程中的表现和成长，促进全面发展。

二、合作学习的理论基础

（一）社会建构主义理论

合作学习的理论基础之一是社会建构主义理论，该理论的代表人物 Lev Vygotsky（维果茨基）强调社会互动在认知发展中的重要性。社会建构主义认为，知识不是被动接受的，而是在社会互动和文化背景中主动建构的。在合作学习中，学生通过与同伴和教师的互动，分享观点和经验，合作解决问题，从而共同建构知识。这种互动不仅促进了知识的理解和内化，还帮助学生发展批判性思维和解决问题的能力。维果茨基提出的 ZPD（Zone of Proximal Development，最近发展区）概念，进一步说明了合作学习的重要性。在 ZPD 中，学生能够在他人的帮助和指导下完成无法独立完成的任务。通过小组合作，学生可以互相支持，彼此帮助，推动每个人不断进步，实现更高水平的认知发展。

（二）社会相互依赖理论

社会相互依赖理论是合作学习的重要理论基础之一，该理论由 David W. Johnson and Roger T. Johnson（约翰逊兄弟）提出，强调在合作学习中小组成员之间的积极相互依赖。社会相互依赖理论认为，合作学习的成功依赖于小组成员之间的互相依赖和合作，每个成员的成功与小组的整体成功密不可分。积极的相互依赖体现在多个方面，如目标、资源、角色和奖励等。通过设定共同的学习目标，小组成员需要协同努力，共同完成任务。资源的共享和角色的分工，使每个成员都能够发挥自己的优势，补充他人的不足，从而实现整体的最佳表现。奖励机制的设计，如小组成绩评定和奖励，进一步激励小组成员之间的合作和支持，增强团队凝聚力和责任感。社会相互依赖理论强调，通过建立积极的相互依赖关系，可以增强小组成员之间的合作动机和参与积极性，提高合作学习的效果。

（三）认知发展理论

合作学习的另一个重要理论基础是 Jean Piaget（让·皮亚杰）的认知发展理论。认知发展理论认为，儿童的认知发展是一个主动建构的过程，通过与环境的互动，不断进行认知结构的调整和重组。合作学习为学生提供了丰富的互动机会，通过与同伴的交流和合作，学生可以在解决实际问题中，进行思维碰撞和观点交换，促进认知发展的深化和拓展。在合作学习中，学生不仅要表达自己的观点，还要倾听和理解他人的观点，通过协商和讨论，共同解决问题。这种互动过程不仅促进了知识的建构，还帮助学生发展了批判性思维和反思性思维能力。该理论还提出，认知冲突是认知发展的动力之一。在合作学习中，不同学生的观点和意见可能存在差异，这种认知冲突促使学生反思自己的观点，进行认知调整，从而实现认知的发展和提升。

（四）多元智能理论

Howard Gardner（霍华德·加德纳）提出的多元智能理论为合作学习提供了丰富的理论支持。多元智能理论认为，人类的智力是多元化的，存在语言智能、逻辑—数学智能、空间智能、音乐智能、身体—动觉智能、人际智能、内省智能和自然观察智能等多种类型。每个人在不同智能领域的表现可能不同，合作学习为学生提供了展示和发展多元智能的机会。在合作学习中，小组成员可以根据自己的优势智能，分担不同的任务和角色。例如，具有高语言智能的学生可以负责讨论和表达，具有高逻辑—数学智能的学生可以负责分析和推理，具有高人际智能的学生可以协调小组成员之间的合作和沟通。通过发挥各自的优势智能，小组成员能够互相补充，共同完成复杂的学习任务。多元智能理论强调，教育应尊重和发展学生的多样化智能，合作学习正是为学生提供了一个多元化的学习环境，让每个学生都能在自己的智能领域中获得成功和成就感。

三、合作学习的基本要素

（一）积极的相互依赖

积极的相互依赖是合作学习的核心要素之一。在合作学习中，学生之间的关系应该是互相依赖的，即每个小组成员的成功都与其他成员的努力和贡献密切相关。这种相互依赖性可以通过设定共同的目标、共享资源、分工合作和奖励机制等方式实现。例如，教师可以设定一个需要小组共同完成的任务，每个成员负责不同的部分，只有所有成员都完成了自己的任务，小组才能成功。这种设置不仅激发了学生的合作动机，还增强了团队凝聚力，促进了小组成员之间的相互支持和帮助。

（二）个体与小组的双重责任

在合作学习中，个体责任和小组责任是并重的。每个学生不仅要对自己的学习成果负责，还要对小组的整体表现负责。这种双重责任机制确保了每个学生在小组中的参与热情，防止了"搭便车"现象的发生。教师可以通过个体任务和小组任务相结合的方式，来实现这种双重责任。例如，在完成小组项目时，教师可以要求每个学生独立完成部分任务，并且在小组内进行分享和讨论，最终形成完整的项目报告。此外，教师还可以通过个体测试和小组评分相结合的方式，评估学生的学习效果，确保每个学生都能在合作学习中有所收获。

（三）面对面的促进性互动

面对面的促进性互动是合作学习的另一个重要因素。通过面对面的交流和互动，学生能够进行更有效的沟通和合作，共同解决问题和完成任务。在互动过程中，学生不仅可以分享自己的观点和经验，还可以倾听和理解他人的观点，通过讨论和协商，形成共识和解决方案。这种互动不仅促进了知识的建构和技能的掌握，还帮助学生发展了沟通交流能力和团队合作能力。教师可以通过设计互动性强的学习活动，如小组讨论、角色扮演、合作实验等，来促进学生的面对面互动，增强学习效果。

（四）人际交往技能

人际交往技能是合作学习的重要因素。在合作学习中，学生需要具备一定的人际交往技能，如沟通能力、协商能力、冲突解决能力和团队合作能力等。这些技能不仅有助于学生在合作中有效交流和协作，还能增强团队凝聚力，促进小组的整体发展。教师在设计和实施合作学习活动时，应注重培养和提升学生的人际交往技能。例如，可以通过角色扮演、团队建设活动和情景模拟等方式，帮助学生发展这些技能。此外，教师还可以在合作学习过程中，及时给予指导和反馈，帮助学生克服交往中的困难，提升他们的人际交往能力。

（五）小组评价

小组评价是合作学习的关键，通过对小组和个体的评估，保障学习效果并促进小组的持续发展。小组评价应包括对学习过程和学习成果的全面评估，既关注小组整体表现，也关注个体贡献。教师可以采用多种评价方式，如自评、互评和教师评估等，综合评估学生的学习情况和合作表现。例如，在小组项目结束后，教师可以要求每个小组成员对自己的表现进行自评，同时对其他成员的贡献进行互评，最后由教师进行综合评估。这种多元化的评价方式不仅可以全面了解学生的学习情况，还能激励学生反思和改进，促进他们的持续进步。

四、合作学习在高校体育教学中的意义

（一）提高学习效率

合作学习在高校体育教学中具有提高学习效率的作用。通过小组合作，学生可以互相帮助、互相激励，共同完成学习任务，这种互动和协作能够显著提升学习效率。在体育教学中，许多运动技能和战术需要通过反复练习和实际操作来掌握，单靠个人练习往往难以达到最佳效果。合作学习为学生提供了更多的互动机会，通过彼此的观察、模仿和指导，学生可以更快地掌握运动技巧和要领。例如，在篮球训练中，小组成员可以相互传球、配合防守，通过实际的比赛情境练习战术和技能。这种互助合作的学习方式，不仅可以加快学习进程，还能使学生更好地理解和应用所学知识，从而提高整体的学习效率。

（二）培养团队协作能力

合作学习在高校体育教学中可以有效培养学生的团队协作能力。在体育运动中，团队协作是取得成功的关键，许多项目如篮球、足球、排球等都需要队员之间的紧密配合和默契。学生在小组活动中扮演不同的角色，承担不同的任务，这种分工合作有助于培养学生的团队意识和协作能力。小组成员在合作完成任务时，需要进行有效的沟通和协调，解决分歧和冲突，共同制订和实施计划。这种合作体验不仅提高了学生的团队合作能力，还增强了他们的责任感和集体意识。例如，在排球训练中，学生需要通过分组练习进行进攻和防守的配合，通过不断的沟通和调整，培养默契和团队合作精神。合作学习为学生提供了一个真实的团队环境，让他们在实际操作中体验和锻炼团队协作能力，为未来的工作和生活打下坚实的基础。

（三）促进社交能力发展

合作学习在高校体育教学中还有助于促进学生的社交能力发展。通过小组合作和互动，学生有更多的机会与同伴交流和沟通，发展和提升他们的人际交往能力。在体育活动中，学生需要进行面对面的交流和合作，通过合作完成任务和解决问题，这种互动过程有助于发展他们的沟通能力、协商能力和冲突解

决能力。例如，在团队建设活动中，学生通过角色扮演和情景模拟，学习如何与他人合作和沟通，如何解决团队中的矛盾和冲突，提升他们的社交能力。此外，合作学习还可以帮助学生建立良好的人际关系和社会网络，增强他们的社会适应能力和自信心。通过合作学习，学生能够更好地融入集体，建立积极的人际关系，形成互助互爱的学习氛围，这对他们的心理健康和全面发展具有重要意义。

第二节　合作学习在体育教学中的应用

一、合作学习在高校体育教学中的应用模式

（一）同伴教学法

同伴教学法是一种广泛应用于高校体育教学的合作学习模式，通过学生之间的相互指导和帮助，掌握运动技能和知识。在这种模式中，教师将学生分成不同队伍，由技能掌握较为熟练的学生指导基础相对较差的学生，这种一对一的指导方式有助于推动个性化教学，满足不同学生的需求。

在实践中，同伴教学法不仅可以用于技能教学，还可以用于理论学习。在理论课上，学生可以互相讲解运动生理学或营养学的知识，通过讨论和交流，加深对知识的理解。同伴教学法的一个显著优点是能够提高学生的参与度和责任感，被指导的学生由于得到个性化的关注和帮助，学习效果显著提高，而指导者在教学过程中也能够巩固自己学会的知识和技能，提升自信心和领导能力。

（二）小组探究法

小组探究法是一种以问题为导向的合作学习模式，通过小组合作探究和解决实际问题，促进学生的深度学习和能力发展。在这种模式中，教师首先提出一个需要解决的问题或任务，然后将学生分成若干小组，每个小组在规定的时间内合作探究，最终形成解决方案或完成任务。

在高校体育教学中，小组探究法可被应用于各种运动项目和健康管理课程。例如，在足球课程中，教师可以提出"如何提高球队进攻效率"的问题，要求学生通过小组合作分析比赛录像，讨论和设计新的战术方案。每个小组成员可

以根据自己的特长承担不同的角色，如数据分析员、战术设计师和实践执行者，通过分工合作，共同完成任务。在健康管理课程中，教师可以要求学生探究不同的运动方式对健康的影响，学生通过查阅文献、进行实验和分析数据，最终形成科学的运动建议。

小组探究法的优势在于能够培养学生的批判性思维和创新能力，通过合作探究，学生学会了如何分析问题、寻找信息、评估证据和形成合理的解决方案。此外，小组探究法还增强了学生的团队合作精神和沟通能力，促进了社会技能的发展。

（三）拼图法

拼图法是一种高度结构化的合作学习模式，通过将学习任务分解成若干部分，让每个学生负责学习和掌握其中一部分，再在小组中进行互相教学和整合，最终形成完整的知识体系。这种方法强调小组成员之间的相互依赖和协作，每个成员的学习成果直接影响小组整体的学习效果。

在体育教学中，拼图法可以应用于理论知识的学习和复杂技能的掌握。例如，在运动生理学课程中，教师可以将课程内容分解成不同的专题，如心血管系统、呼吸系统、肌肉系统等，每个小组成员负责一个专题的学习和研究。随后，小组成员通过互相讲解和讨论，整合各自的知识，形成对运动生理学的全面理解。在复杂技能的学习中，如体操动作或篮球战术，拼图法同样有效。教师可以将一个复杂动作或战术分解成若干步骤或要素，每个学生负责其中的一部分，然后通过互相示范和指导，最终掌握整个技能。

拼图法的优势在于能够充分激发每个学生的主动性和参与热情，通过分工合作，学生不仅加深了对自己负责部分的知识理解，还通过教学他人，强化了对整体知识的掌握。同时，拼图法促进了学生的沟通和表达能力，增强了团队合作意识。

（四）学生小组成就区分法

STAD（Student Teams Achievement Divisions，学生小组成就区分法）是一种以团队成绩为基础的合作学习模式，通过小组合作和竞争，激励学生共同努力，达到学习目标。在这种模式中，学生被分成若干小组，每个小组的成员在个人学习之后进行小组讨论和互助，最终通过个人测试和小组成绩的结合，评定小组的学习成果。

在高校体育教学中，STAD可被用于各种运动技能和理论知识的学习。例如，在篮球课程中，学生首先进行个人练习，然后在小组中分享练习经验和技巧，互相帮助和改进，最后通过个人技能测试和小组比赛，评定每个小组的成绩。在学习理论课程中，如运动营养学，学生可以先进行个人学习和测验，然后在小组中讨论和解决疑难问题，最终通过小组综合测试评定成绩。

STAD的优势在于能够激发学生的竞争意识和合作精神，通过团队成绩的评定，学生既感受到个人努力的重要性，又认识到团队合作的价值。这种模式不仅提高了学生的学习积极性和效果，还培养了他们的团队合作能力和集体荣誉感。

二、合作学习在不同体育项目中的应用

（一）球类运动中的合作学习

球类运动如篮球、足球、排球和网球，天然具有团队合作的特性，是合作学习应用的理想领域。在这些运动中，学生不仅需要掌握个人技能，还需要学会团队配合、战术应用和沟通协调。小组活动和互动，能够有效提升学生的整体运动水平和团队合作能力。

在篮球教学中，同伴教学法可被用于基本技能的练习。例如，将技术娴熟的学生与初学者配对，前者通过示范和指导，帮助后者提高运球、传球和投篮等基础技能。小组探究法适用于战术训练，教师可以让学生分组分析比赛录像，探讨如何有效进行进攻和防守，并设计和演练新的战术方案。拼图法可以用于复杂战术的学习，将一个完整的战术分解成多个步骤，每个学生负责其中的一步，通过互相讲解和实际操作，最终掌握整个战术。STAD可被用于综合训练和评估，通过小组合作练习和比赛，激发学生的竞争意识和团队精神，提升整体运动水平。

在足球教学中，合作学习同样适用。通过小组分工，学生可以分别担任和负责不同的角色和任务，如前锋、中场、后卫和守门员。通过模拟比赛和实际演练，学生不仅提高了个人技能，还增强了团队配合和战术执行能力。还可以通过小组讨论和分析，帮助学生理解比赛中的策略和决策，提高他们的战术素养。

（二）田径项目中的合作学习

田径项目如跑步、跳远、铅球和标枪，通常强调个人的体能和技术，但通过合作学习，可以增加学生的互动和参与感，提升整体训练效果。尽管田径项目以个人表现为主，但合作学习通过小组活动和协作，可以为学生提供更多的支持和激励。

在跑步训练中，小组探究法可被用于设计和实施训练计划。例如，教师可以让学生分组制定不同的训练方案，进行耐力、速度和间歇跑等训练，随后对各自的训练效果进行分析和讨论，找出最有效的训练方法。拼图法可以用于技术细节的掌握，将跑步的技术动作分解成起跑、加速、冲刺和终点等阶段，每个学生负责学习和掌握一个阶段的技术，然后在小组中进行讲解和示范，最终整合成完整的技术动作。

在跳远和铅球等技术性较强的项目中，同伴教学法可以用于个性化指导和改进。技术较好的学生可以通过示范和纠正错误，帮助同伴优化技术动作，提升成绩。STAD可以用于综合训练，通过小组合作进行训练和比赛，激发学生的积极性和竞争意识，提升整体运动水平。

（三）体操类项目中的合作学习

体操类项目如自由体操、平衡木、单杠和双杠，强调技术的精确性和艺术性，是合作学习应用的另一个重要领域。在这些项目中，学生通过小组合作和互助，可以更好地掌握复杂的技术动作，提升表演水平和自信心。

在自由体操中，拼图法可被用于动作组合的学习和设计。教师将一个完整的动作组合分解成若干个单独的动作，每个学生负责学习和掌握一个动作，然后在小组中进行示范和教学，最终整合成完整的表演组合。小组探究法可被用于动作创编和表演设计，学生通过讨论和创作，设计出具有创新性和艺术性的动作组合，并进行集体排练和演出。

在平衡木和单杠等项目中，同伴教学法可以用于技术动作的练习和改进。技术较好的学生通过示范和指导，帮助同伴纠正错误动作，掌握正确的技术要领。STAD可以用于对比赛结果的评估，通过小组合作进行训练和表演，激发学生的表演热情和团队精神，提升整体水平。

（四）武术项目中的合作学习

武术项目如太极拳、长拳和散打，既有技巧的展示，又有实战的应用，是合作学习的理想应用领域。在武术教学中，通过小组合作和互动，能够有效提升学生的技术水平和实战能力，同时弘扬武术的精神内涵。

在太极拳教学中，同伴教学法可以用于基本动作的练习和纠正。技术较好的学生通过示范和指导，帮助同伴掌握太极拳的基本动作和套路。小组探究法可以用于套路的创编和演练，学生通过讨论和实践，设计出具有创新性的太极拳套路，并进行集体排练和表演。

在散打训练中，拼图法可被用于技战术的学习和训练。教师将散打的技战术分解成若干部分，如进攻、防守、反击等，每个学生负责学习和掌握一个部分，然后在小组中进行示范和教学，最终整合成完整的技战术体系。STAD可以用于实战训练和比赛，通过小组合作进行训练和比赛，激发学生的实战热情和团队精神，提升整体技术水平。

三、合作学习在体育实践课程中的应用

（一）技能学习中的互助与纠错

合作学习在技能学习中的互助与纠错环节发挥着重要作用。通过运用同伴教学法，学生可以在实际操作中互相帮助、纠正错误，提高技能掌握的准确性和效率。在体育实践课程中，教师将学生分成若干小组，每小组由一个技能掌握较好的学生和一个技能掌握较弱的学生组成。技能掌握较好的学生通过示范正确的动作和技术要领，帮助同伴纠正错误动作，掌握正确的技术。在篮球课程中，技术娴熟的学生可以通过一对一指导，帮助同伴提高运球、投篮、传球等基本技能。通过观察和纠正同伴的动作，技能掌握较好的学生不仅巩固了自己的知识，还提高了教学和领导能力，被指导的学生则在个性化的帮助下，快速掌握正确的技术动作，提升了技能水平和自信心。这种互助与纠错的过程不仅有助于技能的提高，还增强了学生之间的信任和合作精神，培养了团队意识和协作能力。

（二）战术配合训练

战术配合训练是合作学习在体育实践课程中的另一个重要应用领域。通过小组探究法，学生可以在实际操作中进行战术演练和配合，提高团队协作和战术执行能力。教师将学生分成若干小组，每组成员共同分析和讨论战术方案，进行实地演练，最终形成有效的战术配合。在足球课程中，教师可以将学生分

组进行战术训练，每组成员担任不同的战术角色，如前锋、中场、后卫和守门员。通过小组讨论和实际演练，学生们可以不断优化战术方案，提高团队配合的默契和效率。在实际比赛中，学生们可以通过战术配合，增强进攻和防守能力，提高整体比赛水平。这种战术配合训练不仅提高了学生的战术素养，还增强了团队合作精神和沟通能力，为未来的体育竞技打下坚实基础。

（三）创编与表演

创编与表演是合作学习在体育实践课程中的重要应用，通过拼图法，学生可以在实际操作中进行动作创编和表演设计，提升创造力和艺术表现力。教师将完整的表演任务分解成若干部分，每个学生负责学习和掌握其中的一部分，然后在小组中进行示范和教学，最终整合成完整的表演内容。在自由体操课程中，教师可以将学生分成若干小组，每组负责创编一套自由体操动作组合。通过小组讨论和实际演练，学生们可以不断优化动作设计，提高表演的艺术性和观赏性。最终，通过集体排练和演出，学生们可以展示他们的创意和努力，获得成就感和自信心。这种创编与表演的过程不仅提升了学生的创造力和艺术表现力，还增强了团队合作精神和沟通能力，培养了他们的自我表达和展示能力。

（四）体育竞赛组织

体育竞赛组织是合作学习在体育实践课程中的重要应用，通过运用STAD，学生可以在实际操作中进行竞赛的组织和实施，提升组织能力和领导才能。教师将学生分成若干小组，每组负责组织和实施一项体育竞赛活动，通过小组合作和分工，完成竞赛的策划、组织和评估工作。例如，在篮球课程中，教师可以让学生组织一场校内篮球比赛，将学生进行分组，每组成员分别负责比赛的不同环节，如场地安排、裁判工作、比赛记录和宣传推广等。通过小组合作和实际操作，学生们不仅掌握了组织竞赛的基本技能，还提升了他们的组织能力和领导才能。这种组织体育竞赛的过程不仅培养了学生的责任感和团队合作精神，还锻炼了他们的管理和领导能力，为未来的职业发展打下坚实基础。

四、合作学习在体育教学中的注意事项

（一）小组构成的合理性

在体育教学中，合理的小组构成是成功开展合作学习的关键。教师需要确保小组的组成具有多样性和均衡性，以便学生能够互相学习、互相帮助。小组

成员在技能水平、体能状况、性别和性格等方面的多样性，有助于提高小组的整体合作效能和学习效果。

教师应根据学生的技能水平和体能状况进行分组，确保每个小组中既有技能较高的学生，也有需要帮助的学生。技能较高的学生可以在小组中发挥指导和示范作用，需要帮助的学生则可以在同伴的帮助下提高技能水平。此外，考虑到性别和性格的差异，教师应确保每个小组的性别比例均衡，并将性格外向和内向的学生混合在一起，以促进小组成员之间的互动和合作。

为了使小组构成更加合理，教师可以在分组前进行学生调查和评估，了解学生的技能水平、体能状况、兴趣爱好和性格特点。根据这些信息，教师可以进行科学的分组，确保每个小组的成员能够互相补充，形成良好的合作关系。

（二）任务难度的适当性

在合作学习中，任务的难度设置是影响学生学习效果和参与度的重要因素。教师需要根据学生的实际情况，设置适当难度的任务，确保任务既具有挑战性，又不会过于困难，以激发学生的学习兴趣和积极性。

教师应根据学生的技能水平和学习进度，合理设置任务的难度。对于初学者，任务应侧重基本技能的掌握和简单的配合训练；对于技能掌握较好的学生，任务应侧重复杂技能的提高和战术配合的训练。此外，任务的难度应逐步递增，循序渐进，让学生在不断挑战和克服困难的过程中，逐步提高技能水平和综合能力。

教师应根据小组成员的构成和特点，设置适合小组合作的任务。任务应具有明确的目标和具体的操作步骤，便于学生进行分工合作。教师可以通过任务分解和角色分配，让每个小组成员都有明确的职责和任务，增强他们的责任感和参与度。

为了确保任务难度的适当性，教师可以在任务设计过程中，充分考虑学生的反馈和建议，根据实际情况进行调整和优化。通过合理设置任务难度，可以有效提高学生的学习效果和参与度，促进合作学习的顺利开展。

（三）时间管理的合理性

在合作学习中，合理的时间管理是确保学习任务顺利完成并保障教学效果的关键。教师需要科学安排学习时间，确保学生在有限的时间内高效完成任务，并有足够的时间进行反思和总结。

教师应根据学习任务的性质和难度，合理分配学习时间。对于技能学习和战术训练，教师应安排足够的时间进行练习和演练，确保学生能够充分掌握所学内容；对于创编与表演等任务，教师应安排充裕的时间进行创作和排练，确保学生能够完成高质量的作品。教师应制订详细的时间计划，明确每个任务的时间节点和完成要求，帮助学生合理安排时间，提高学习效率。

教师应在学习过程中进行及时的时间管理和任务监控，确保学习任务按计划进行。教师可以通过设立时间节点和阶段性检查，及时了解学生的进度和完成情况，发现和解决问题，避免因时间不足导致任务无法完成。在任务结束后，教师应安排足够的时间进行总结和反思，让学生分享学习经验和成果，进行学生自评和同学互评，进一步巩固学习成果。

为了确保时间管理的有效性，教师应在学习任务开始前进行详细的时间计划和安排，并在学习过程中进行及时的调整和优化。通过合理的时间管理，教师可以有效提高教学效率，确保合作学习的顺利实施和良好效果。

第三节　团队教学的设计与实施

一、团队教学的概念

团队教学是一种教育教学模式，由两名或多名教师共同计划、组织和实施教学活动，以发挥教师团队的专业优势，增强教学效果。团队教学强调教师之间的分工与合作，通过集体备课、共同授课和相互评价，提供更丰富的教学资源和多样化的教学方法，旨在提高学生的学习体验和教育质量。团队教学不仅关注教师个体的教学能力和水平，还注重培养教师团队的协作能力并发挥集体智慧的作用。

团队教学的理论基础主要包括合作学习理论和社会建构主义理论。合作学习理论强调通过小组合作和互动，提高学生的学习效果和参与度。在团队教学中，教师们通过合作备课和共同授课，促进彼此间的互动与协作，从而提升整体教学质量和学生的学习体验。合作学习理论认为，合作可以带来多样化的视角和方法，提升教学的丰富性和灵活性，从而提高解决问题的效率和创新能力。教师之间的合作不仅共享知识和技能，还能激发彼此的创造力和教学热情，使课堂更加生动和富有活力。社会建构主义理论由维果茨基提出，强调知识是通过社会互动和文化背景建构起来的。维果茨基认为，学习是主动的、社会性的过程，学生在与教师和同伴的互动中，通过协作和对话，共同建构知识。团队教学在这一理论基础上，通过教师间的合作和互动，创造了丰富的学习环境，有助于学生在多元化的教学方法和视角下，深入理解和掌握知识。教师们通过共同探讨和交流，不仅提高了教学的深度和广度，还为学生提供了多样化的学习资源和支持。

团队教学的概念最早可以追溯到20世纪初的进步教育运动。当时的教育改革者如约翰·杜威，倡导以学生为中心的教学方法，强调合作与互动的重要性。杜威认为，教育不仅是知识的传授，更是社会实践和互动的过程。在他的影响下，一些学校开始尝试将教师合作和集体教学引入课堂，探索更加有效的教学方法。

在20世纪中期，团队教学在欧美国家的中小学和大学中得到了更广泛的应用。随着教育研究的深入，合作学习和社会建构主义等教育理论的提出，为团队教学提供了理论支持。20世纪50年代，美国的教育家和心理学家罗伯特·斯莱文和大卫·约翰逊，进一步推广了合作学习的理念，团队教学开始在教育实践中逐渐普及。20世纪80年代以后，随着教育改革的深化和信息技术的发展，团队教学得到了更广泛的关注和应用。许多学校和教育机构开始重视教师之间的合作，通过集体备课、教学研讨和团队授课等形式，提升教学效果和教育质量。在这个时期，团队教学不仅在基础教育中被广泛应用，还在高等教育和职业教育中得到了推广。进入21世纪，团队教学继续发展，并与现代教育技术相结合，形成了多样化的教学模式。随着互联网和数字技术的普及，教师之间的合作不再局限于同一学校或地区，跨校、跨区域的团队教学成为可能。在线教学平台和教育资源共享平台的出现，使教师可以通过虚拟团队进行合作备课和教学交流，进一步提升了团队教学的广度和深度。

二、团队教学在高校体育中的应用价值

（一）整合教学资源

团队教学在高校体育中的一个重要应用价值是能够有效整合教学资源，提高资源利用效率。高校体育课程涉及多种运动项目和训练方法，不同教师在专

业背景、教学经验和技术上各有所长。通过团队教学，各种教学资源能够得到充分整合和共享。例如，在体育课程中，擅长篮球的教师可以负责教授篮球技巧和战术，擅长田径的教师可以负责体能训练和传授跑步技巧。通过这种分工合作，学生不仅能够接触到各个领域的专业知识，还能够得到更为全面的训练和指导。教师们在备课和教学过程中，能够互相交流经验和资源，共同设计课程内容和教学活动，从而提高整体教学质量和效果。

（二）提高教学质量

团队教学能够显著提高高校体育课程的教学质量。首先，通过教师之间的合作和互补，不同教学方法和策略能够在课堂上得到更有效的应用。教师可以根据课程内容和学生需求，灵活调整教学方法，采用讲授法、示范法、小组讨论和实地训练等多种方式，提高学生的参与度和学习效果。其次，团队教学有助于提高教学内容的科学性和系统性。不同教师的专业知识和技能相互补充，确保课程内容的全面性和深度，使学生能够系统地掌握体育理论和实践技能。最后，团队教学能够为学生提供更多的个性化指导和反馈。教师们通过共同观察和评估学生的表现，及时发现问题并给予有针对性的指导，帮助学生克服困难和提高成绩。通过应用这种集体智慧，能够使教学质量得到显著提升，学生的学习体验也更加丰富和多样化。

（三）促进教师专业发展

团队教学不仅对学生有益，对教师的专业发展也起到重要的促进作用。在团队教学中，教师通过共同备课、互相听课和教学研讨等方式，不断交流和分享教学经验和方法。这种合作与互动，不仅有助于教师开阔视野，学习新的教学理念和策略，还能够在实际教学中不断改进和提升自己的教学技能。教师在团队中可以相互学习，取长补短，共同进步。例如，擅长理论讲解的教师可以从擅长实践操作的教师那里学习到更多的实际训练技巧，而后者则可以从前者那里获取更多的理论知识和教学方法。此外，通过团队教学，教师能够更加深入地了解学生的需求和学习特点，从而更好地设计和实施教学活动，提高教学效果。团队教学还为教师提供了更多的职业发展机会，通过团队合作和教学实践，教师的专业素养和教学能力不断提升，为今后的职业发展奠定了坚实的基础。

（四）满足学生多样化需求

在高校体育教学中，学生的兴趣和需求是多样化的。不同的学生对体育课程有着不同的期望和目标，有的希望提高竞技水平，有的希望增强身体素质，还有的希望掌握特定的运动技能。团队教学可以整合多名教师的专业知识和技能，能够更好地满足学生的多样化需求。例如，在综合性的体育课程中，教师团队可以根据学生的兴趣和需求，提供不同的训练项目和内容，如篮球、足球、田径、游泳、瑜伽等，学生可以根据自己的兴趣和目标选择适合的项目进行学习和训练。此外，团队教学能够进行更加灵活和个性化的教学安排，教师可以根据学生的实际情况，设计不同层次和难度的训练计划，确保每个学生都能够在适合自己的节奏中获得进步和成长。通过这种多样化和个性化的学习，学生不仅能够提高体育技能和体能水平，还能够培养健康的生活方式和正确的运动习惯。

三、团队教学的组织形式

（一）多学科教师团队

多学科教师团队是团队教学的一种重要形式，指由不同学科背景的教师共同组成的教学团队。多学科教师团队的组织形式在高校体育教学中具有显著优势，能够为学生提供更加全面和多样化的学习体验。

在多学科教师团队中，不同学科的教师可以根据各自的专业特长，设计跨学科的综合课程。例如，在一门"健康与体育"的课程中，体育教师可以教授运动技能和训练方法，营养学教师可以讲解运动营养和饮食计划，心理学教师可以介绍运动心理学和压力管理的方法。通过这种跨学科的合作教学，学生能够从多个角度理解和掌握体育与健康的知识和技能，提高综合素养和实践能力。

多学科教师团队还能够为学生提供更多的资源和支持，增强教学的深度和广度。教师可以共同设计和实施多样化的教学活动，如运动科学实验、跨学科项目研究和健康生活方式设计等，激发学生的学习兴趣和创造力。通过多学科教师的合作，教学内容将更加丰富，学生的学习体验也更加立体和全面。

（二）同学科教师团队

同学科教师团队是指由同一学科领域的多名教师组成的教学团队，这种组织形式在高校体育教学中十分常见。通过同学科教师的合作，能够充分发挥每位教师的专业特长和教学经验，提高教学效果。

在同学科教师团队中，教师可以共同备课、互相听课和进行教学研讨，共同设计和改进教学计划和教学方法。例如，在篮球课程中，不同教师可以分别负责不同的教学模块，如基础技术训练、战术演练和比赛指导，通过分工合作，提高教学的专业性和系统性。教师还可以通过教学观察和反馈，及时发现和解决教学中的问题，不断优化教学内容和方式。

同学科教师团队还可以为学生提供更多的个性化指导和支持。通过团队合作，教师能够更好地了解每个学生的特点和需求，提供有针对性的教学和训练计划，帮助学生克服困难、提高成绩。通过同学科教师的合作，教学将更加专业和高效，学生的学习效果也将得到显著提升。

（三）教师—学生团队

教师—学生团队是指由教师和学生共同组成的教学团队，这种组织形式在高校体育教学中具有重要的教育意义。教师—学生团队能够增强学生的参与感和责任感，促进学生的自主学习和团队合作能力。

在教师—学生团队中，教师不仅是知识的传授者，更是学生学习的指导者和合作者。教师可以通过小组讨论、项目合作和实地训练等方式，与学生共同完成教学任务。例如，在一节篮球课中，教师可以与学生共同设计和实施训练计划，学生在教师的指导下进行训练和比赛，通过这种合作学习，学生不仅提高了技能水平，还培养了团队合作精神。

教师—学生团队还能够为学生提供更多的实践机会和成长空间。教师可以通过团队合作，帮助学生组织各种体育活动和比赛，增强学生的实践能力和创新精神。通过教师—学生的合作，学生能够更好地融入教学过程，提高学习积极性和自主性。

（四）虚拟团队

虚拟团队是指通过互联网和数字技术，由不同地域的教师和学生组成的教学团队，这种组织形式在现代教育中越来越受到重视。虚拟团队教学打破了时间和空间的限制，为高校体育教学提供了更多的可能性和创新空间。

在虚拟团队教学中，教师和学生可以通过在线平台进行互动和合作，共同完成教学任务和学习目标。教师可以通过视频授课、在线讨论和虚拟实验等方式，开展多样化的教学活动。例如，在体育理论课程教学中，教师可以通过在线讲座和互动问答，向学生讲授运动生理学和运动营养学知识，学生可以通过在线平台进行讨论和交流，分享学习心得和经验。

虚拟团队教学还能够为学生提供更加灵活和个性化的学习体验。学生可以根据自己的时间和进度，灵活安排学习计划和任务，通过在线平台获取各种学习资源。教师可以通过在线平台进行及时的反馈和指导，帮助学生解决学习中的问题，提高学习效果。

虚拟团队教学还可以促进跨区域和国际合作，丰富教学内容和形式。教师和学生可以通过互联网，与不同国家和地区的同行和学者进行交流和合作，分享教学经验和研究成果，提高教学水平和学术水平。

四、团队教学的实施策略

（一）明确团队成员职责

每位教师的专业背景、教学特长和经验都有所不同，因此需要根据具体课程和教学目标，明确分工和职责。例如，在综合体育课程中，擅长理论教学的教师负责授课，擅长实践教学的教师负责实际操作指导，其他教师则负责辅助教学和学生管理。通过这种明确的分工，可以充分发挥每位教师的优势，确保教学内容的全面性和专业性。同时，明确职责还能提高团队合作的效率，避免职责不清导致重复劳动或遗漏工作。

（二）建立有效的沟通机制

团队成员需要采用多种沟通方式，如定期会议、在线讨论、邮件交流等，保持信息的畅通和共享。在教学准备阶段，团队成员应共同讨论和确定教学计划、教学目标和评价标准。在教学实施过程中，团队成员应及时沟通教学进度、学生表现和遇到的问题。通过有效的沟通机制，团队成员可以互相支持和协作，及时调整和改进教学活动，提高教学效果。此外，良好的沟通机制还能够增强团队凝聚力，促进教师之间的合作与信任。

（三）协调教学进度

由于团队成员的教学内容和方法不同，可能会出现教学进度不一致的情况。因此，需要在教学前制订详细的教学计划，明确每个阶段的教学目标和任务。定期的团队会议和沟通，可以帮助团队成员了解彼此的进度和遇到的问题，及时进行协调和调整。例如，在体育训练课程中，理论课程和实践课程需要紧密配合，理论课程的内容应与实践课程的训练进度相一致，确保学生能够将理论知识应用于实际训练中。通过协调教学进度，可以提高教学的连贯性和系统性，确保教学活动顺利进行。

（四）灵活调整教学方法

不同的教学内容和学生需求需要采用不同的教学方法和策略。团队成员应根据实际情况，灵活调整和优化教学方法。例如，在教授运动技能时，可以采用示范、演练和反馈相结合的方法，提高学生的技能掌握水平；在讲授理论知识时，可以采用讲授、讨论和案例分析相结合的方法，提高学生的理解和应用能力。团队成员可以通过教学观察和学生反馈，不断调整和改进教学方法，确保教学效果，提高学生满意度。同时，团队成员还可以相互借鉴和学习，创新和优化教学方法，提高整体教学水平。

（五）及时反馈与改进

通过及时的反馈，教师可以了解学生的学习情况和存在的问题，及时调整教学计划和方法，提高教学效果。团队成员应定期进行教学评估，收集学生的反馈意见和建议，进行教学效果分析和总结。根据评估结果，团队成员应共同讨论和分析，找出存在的问题和改进的方向，制定相应的改进措施。例如，在一门体育课结束后，团队成员可以通过问卷调查、学生座谈会和教学观察等方式，收集学生的反馈意见，并在团队会议上进行讨论和分析，找出教学中的不足和缺点，并提出改进的措施。通过及时的反馈与改进，团队教学可以不断优化和提升，满足学生的学习需求，提高教学质量。

通过实施以上策略，团队教学可以充分发挥优势，提高教学质量和学生学习体验，促进教师的专业发展和学生的全面发展。

第七章　高校体育教学中的创新与实践

第一节　体育教学创新的必要性

一、高校体育教学创新的背景

（一）社会发展对人才培养的新要求

随着社会的不断进步与发展，对人才的要求也在不断提升。当今社会不仅需要掌握专业知识和技能的高素质人才，还需具备健康体魄、坚强意志和良好心理素质的全面发展型人才。体育作为教育的重要组成部分，其地位和作用日益凸显。高校体育教学肩负着培养学生健康体魄、提高心理素质和促进全面发展的重任。然而，传统的体育教学模式已经难以满足现代社会对人才培养的要求。

在新时代，社会对人才的需求更加多样化和综合化。学生不仅需要掌握扎实的专业知识，还需要具备良好的身体素质和心理素质，能够应对高强度的工作和生活压力。体育教学作为培养学生综合素质的重要途径，需要不断创新，才能适应社会发展的需求。例如，传统的体育教学往往以竞技为主，忽视了对学生个体差异和综合素质的分析和培养。现代社会要求学生不仅要具备竞技能力，更要具备团队合作精神、领导力、创新思维等综合素质。因此，体育教学的创新显得尤为重要。

（二）教育改革的大趋势

教育改革是提升教育质量、适应社会发展需要的必然选择。近年来，随着素质教育的深入推进，教育改革不断深化，要求各类教育课程，包括体育课程，都要进行相应的改革和创新。传统的体育教学模式往往存在教学内容单一、教学方法陈旧、学生参与度不高等问题，难以充分调动学生的积极性和主动性，不能有效实现体育教学的目标。

教育改革的核心理念是以学生为中心，注重学生的全面发展和个性化培养。体育教学作为素质教育的重要组成部分，也应顺应这一趋势，进行相应的改革和创新。传统的体育教学主要以竞技和技术训练为主，而现代教育改革要求体育教学不仅要注重技能训练，还要注重学生的身体素质、心理素质和社会适应能力的全面提升，这就需要体育教学在内容、方法、评价等方面进行全面创新，以适应教育改革的大趋势。

（三）学生需求的多样化

随着社会的发展和教育水平的提高，学生的需求也日益多样化。学生不仅希望通过学习体育课程提高运动技能，还希望在体育课程中得到身心的放松、兴趣的培养和个性的发展。传统的体育教学模式往往忽视了学生的个体差异和多样化需求，难以满足学生的学习期望和需求。

学生的需求表现出多样化和个性化的特点。例如，有些学生喜欢竞技类的体育活动，追求竞技成绩和挑战自我；有些学生喜欢休闲类的体育活动，希望通过体育锻炼达到身心放松的目的；还有一些学生对新兴的体育项目，如瑜伽、攀岩等有浓厚兴趣，渴望在体育课程中体验不同的运动项目。为了满足学生的多样化需求，体育教学需要进行创新，通过丰富教学内容、创新教学方法、优化教学评价等措施，提高学生的学习兴趣和参与度，促进学生的全面发展。

（四）信息技术的快速发展

信息技术的快速发展为体育教学的创新提供了新的机遇和挑战。现代信息技术的广泛应用，不仅改变了人们的生活方式，也为教育教学带来了深刻的变革。在体育教学中，信息技术的应用可以大大提高教学的效果和效率，丰富教学手段和方法，增强学生的学习体验和参与度。

信息技术的发展为体育教学提供了丰富的资源和工具。例如，通过多媒体技术，教师可以在体育课上播放介绍运动技术的视频，让学生直观地学习和掌握技术动作；通过VR技术，学生可以在虚拟环境中进行模拟练习，增强运动体验和学习效果；通过大数据技术，教师可以对学生的运动数据进行分析和评估，为个性化教学提供科学依据；通过互联网平台，教师可以开展线上线下结合的混合教学，丰富教学形式和内容，增强教学效果。

然而，信息技术在体育教学中的应用也面临一些挑战。例如，教师需要掌握相关的信息技术技能，才能有效地将信息技术应用于教学中；信息技术的应用需要相应的硬件设备和网络环境，这对高校的设备投入和管理提出了更高的要求；信息技术的广泛应用可能会引发学生对信息技术的依赖，忽视了传统体育教学中体能训练和实践操作的核心地位。因此，在进行体育教学创新时，需要科学合理地应用信息技术，发挥其优势，克服其不足，为学生提供更加优质的体育教育。

二、体育教学创新的意义

体育教学的创新不仅是应对社会发展和教育改革需求的必然选择，更是提升教学质量、激发学生学习兴趣、培养创新能力及促进教师专业发展的重要途径。

（一）提高教学质量和效果

体育教学创新的首要意义在于提高教学质量和效果。传统的体育教学模式在一定程度上存在内容单一、方法陈旧、学生参与度不高等问题，难以满足现代教育对学生综合素质培养的要求。通过教学创新，可以在以下几个方面显著提升教学质量和效果。

创新的体育教学内容可以提供更多元的体育项目和活动，例如瑜伽、攀岩、武术等，不仅丰富了学生的运动体验，还满足了不同兴趣和需求的学生，从而提高了课程的吸引力和实效性。引入现代教育技术和科学教学方法，如视频示范、VR、数据分析等，使教学过程更加直观和高效。学生通过多样化的学习方式，更容易理解和掌握体育技能。通过信息技术和大数据分析，教师可以根据每个学生的身体素质、兴趣爱好和学习进度，制定个性化的教学方案，因材施教，进一步提升教学效果。

（二）激发学生学习兴趣

体育教学创新能够显著激发学生的学习兴趣，使他们更加主动和积极地参与体育活动。在传统体育教学中，枯燥单一的内容和刻板的训练方法往往难以调动学生的兴趣，通过创新教学方法，可以提高学生的参与度和学习兴趣。

采用游戏化的教学形式，通过趣味性活动和竞赛，学生在娱乐中学习，提高他们的参与热情。例如，开展团队合作游戏和竞技比赛，学生不仅能享受运动的乐趣，还能体验团队协作和竞争的快感。丰富教学内容，如引入现代舞蹈、户外拓展、轮滑等新兴运动项目，吸引学生的兴趣，满足他们对新鲜事物的探索欲望。通过小组讨论、合作练习等互动性强的教学形式，增强学生的课堂参与，在互动中学习和进步。

（三）培养学生创新能力

体育教学创新不仅在于提高身体素质和运动技能，更重要的是培养学生的创新能力和思维。塑造和运用开放式的教学环境和问题导向的教学方法，鼓励学生自主探究和创新。例如，在体育游戏设计和战术安排上，鼓励学生提出自己的见解和创意，培养他们的创造性思维。通过多样化的活动，如创意舞蹈、创新体操、运动设计比赛等，激发学生的创造力和创新意识。在这些活动中，学生不仅要动脑思考，还要动手实践，从而全面培养创新能力。高校可以通过组织体育创新大赛、创意展示等活动，为学生提供展示和交流的平台，激发他们的创新潜力和实践能力。

（四）促进教师专业发展

体育教学创新不仅有利于学生的发展，也对教师的专业成长和发展起到了重要作用。在创新过程中，教师需要不断学习新知识、新技术，提升自己的专业能力和教学水平。例如，学习和掌握多媒体技术、VR技术、大数据分析等现代教育技术，提高课堂教学的效果和质量。通过探索和实践新的教学方法和策略，教师可以积累丰富的教学经验，增强应对复杂教学情境的能力。同时，通过与同事交流和合作，共同探讨和解决教学中的问题，也有助于教师的专业成长。在创新教学过程中，教师需要进行大量的教学研究和实践，探索新的教学模式和方法。这种研究和实践不仅提高了教师的教学研究能力，还为教育理论的发展提供了实践基础和经验支持。教学创新要求教师不断尝试和改进自己的教学方法，这种挑战和变化激发了教师的教学热情和创新动力，使他们更加投入和热爱自己的教学工作。

体育教学创新具有重要的现实意义和教育价值。通过不断创新体育教学，能够让学生更好地适应社会发展的需求，促进其全面发展。同时，也为培养具有健康体魄、坚强意志和创新能力的高素质人才奠定坚实的基础。

三、体育教学创新的必要性

（一）应对传统体育教学的局限性

传统体育教学模式在一定历史阶段曾发挥了重要作用，但随着社会和教育的发展，其局限性日益凸显。这些局限性主要体现在以下几个方面：

1. 教学内容单一

传统体育教学多集中于少数几项主要运动项目，如篮球、足球、排球等，内容相对单一，缺乏多样性。学生长期接触相同的运动项目，容易产生厌倦情绪，影响学习兴趣和积极性。此外，单一的教学内容难以全面提高学生的身体素质和运动技能，无法满足学生个性化的发展需求。

2. 教学方法陈旧

传统体育教学方法多以教师讲解示范、学生模仿练习为主，缺乏互动和创新。学生在教学过程中处于被动接受的地位，难以主动参与和思考。这样的教学方法不仅效率低下，还限制了学生自主学习和创新能力的发展。

3. 评价体系单一

传统体育教学评价体系多以体能测试和技术评定为主，忽视了对学生综合素质的全面评价。这样的评价方式难以反映学生在体育学习中的实际进步和综合能力，无法激励学生全面发展和提高。

4. 个体差异忽视

传统体育教学往往采用统一的教学模式，忽视了学生的个体差异和多样化需求。学生的身体素质、运动能力、兴趣爱好各不相同，统一的教学模式难以照顾每个学生的特殊需求，导致部分学生无法充分发挥其潜力。

通过体育教学创新，可以有效应对传统教学模式的这些局限性。通过引入多样化的教学内容、互动性强的教学方法、科学合理的评价体系和个性化的教学方案，教师能够提高教学效果，促进学生全面发展。例如，在教学内容上，可以增加现代舞蹈、瑜伽、攀岩等新兴运动项目，丰富学生的运动体验；在教学方法上，可以采用合作学习、小组讨论、游戏化教学等方式，增强课堂互动和学生参与；在评价体系上，可以引入综合评价方法，关注学生的体能、技术、心理素质和团队合作能力等多方面的发展；在个性化教学上，可以根据学生的不同特点和需求，制定个性化的教学方案，因材施教，促进每个学生的全面发展。

（二）满足学生个性化发展需求

当今社会的发展对人才的要求越来越高，学生的个性化发展需求也越来越多样化和个性化。每个学生都有不同的兴趣、特长和发展潜力，传统的统一教学模式难以满足这些多样化需求。体育教学创新的重要意义之一在于能够满足学生的个性化发展需求，促进他们的全面发展和个性化成长。

设计和运用多样化的体育教学内容和新颖有趣的教学方法，可以激发学生的运动兴趣。兴趣是最好的老师，学生一旦对某项运动产生兴趣，就会主动参与和投入，从而提高学习效果。例如，通过引入多种新兴运动项目和有趣的体育游戏，能够吸引不同兴趣爱好的学生，让他们在运动中找到乐趣和成就感。每个学生都有其独特的运动潜力，通过个性化的教学方案和科学的评价方法，可以帮助学生挖掘和发挥潜力。例如，通过对学生的体能、技术、心理素质等全方面的评价，教师可以发现学生的优势和特长，给予有针对性的指导和训练，帮助他们在某些方面取得突破和进步。体育教学不仅要提高学生的运动技能，还要培养他们的综合素质。通过创新的教学方法和多样化的教学活动，可以培养学生的团队合作精神、领导力、创新能力和心理素质。例如，通过合作学习和团队游戏，可以增强学生的团队意识和合作能力；通过创新体操和创意舞蹈等活动，可以培养学生的创造力和表现力；通过竞技比赛和挑战活动，可以提高学生的抗压能力和心理素质。每个学生的个性和特点不同，设计个性化的教学方案和差异化的教学方法，可以尊重和满足学生的个性发展需求。例如，对于身体素质较差的学生，可以设计低强度、简单易行的运动项目；对于运动能力较强的学生，可以设计高强度、有挑战性的训练内容；对于有特殊需求的学生，可以提供个别辅导和特别支持，确保每个学生都能在体育学习中得到充分的发展和提高。

（三）适应新时代体育教育目标

新时代对体育教育提出了新的目标和要求，不仅要提高学生的身体素质和运动技能，还要培养他们的健康意识、运动习惯和终身体育能力。体育教学创新的重要意义在于能够适应新时代的体育教育目标，促进学生的全面发展和终身健康。

通过创新的体育教学内容和方法，可以增强学生的健康意识和自我保健能力。例如，通过健康教育课程和健康知识普及活动，让学生了解科学的锻炼方法、合理的饮食习惯和正确的运动保健知识；设计多样化的运动项目和有趣的体育活动，让学生体验运动的乐趣，养成积极锻炼的习惯。设计长期的体育教学和运动训练，可以帮助学生养成良好的运动习惯。例如，通过每日的晨跑和课间操活动，让学生形成规律的运动习惯；开展体育兴趣小组和社团活动，让学生在课外时间积极参与各种体育活动；定期组织体育比赛和竞赛活动，让学生在竞争中提高运动能力和团队合作精神。

新时代的体育教育目标不仅是培养学生的运动技能，更是培养他们的终身体育能力。通过创新的体育教学方法和多样化的运动项目，可以帮助学生掌握科学的锻炼方法和技能，养成终身锻炼的习惯。例如，通过教授学生科学的锻炼方法和技巧，让他们掌握适合自己的锻炼方式和强度；通过组织学生参与多种运动项目和活动，让他们体验不同运动项目的乐趣和挑战，培养他们对体育运动的热爱和坚持。

（四）促进体育与其他学科的融合

体育教学创新的重要意义还在于促进体育与其他学科的融合，增强学生的综合素质和跨学科能力。现代教育强调学科之间的融合与跨学科学习，体育作为综合素质教育的重要组成部分，可以通过与其他学科的融合，发挥更大的教育功能和价值。

体育与科学学科的融合，可以增强学生对运动科学和健康知识的理解和掌握。例如，通过在体育课上讲解运动生理学、运动心理学、运动营养学等知识，让学生了解运动对身体的影响和科学的锻炼方法；通过实验和实证研究，让学生在实践中学习和应用科学知识，提高他们的科学素养和实践能力。

体育与艺术学科的融合，可以培养学生的审美能力和创造力。例如，通过创意体操、艺术体操、舞蹈等项目，让学生在运动中体验艺术的美感和表现力；通过设计和制作体育器材和道具，让学生在实践中发挥创意和动手能力；通过体育表演和展示活动，让学生在舞台上展示自己的运动技能和艺术才华。

体育与社会学科的融合，可以增强学生的社会责任感和团队合作精神。例如，通过组织学生参与社区体育活动和志愿服务，让他们在服务社会的过程中提高社会适应能力和责任感；通过团队合作游戏和竞赛活动，让学生在团队中学习合作和沟通，增强团队意识和集体荣誉感。

体育与信息技术学科的融合，可以提高体育教学的效果和效率。例如，通过多媒体技术和 VR 技术，让学生在直观和生动的环境中学习和练习体育技能；通过大数据技术和智能设备，让教师能够科学地评估学生的运动表现和身体素质，为个性化教学提供依据；通过互联网平台和在线课程，让学生能够在任何时间和地点参与体育学习和锻炼。

第二节 创新体育教学方法的探索

一、以学生为中心的教学理念创新

（一）从"教"到"学"的转变

现代教育理念的核心之一是从"教"到"学"的转变，这一转变在体育教学中尤为重要。传统的体育教学以教师为中心，教师通过示范、讲解、指导等方式将知识和技能传授给学生，学生则被动接受。然而，这种模式往往忽视了学生的主体地位和学习主动性。在以学生为中心的教学理念下，教师的角色从知识的传授者转变为学习的引导者和支持者，教学的重点从教师的"教"转向学生的"学"。

这种转变要求教师在设计教学活动时，不再只是考虑如何有效地传授知识，而是更多地关注如何激发学生的学习兴趣，调动他们的学习积极性，使他们在学习过程中发挥主体作用。例如，在体育课上，教师可以通过设计多样化的运动项目和活动，让学生在参与中探索和发现，主动学习和掌握运动技能。通过角色扮演、情景模拟等方式，教师可以创设真实的学习情境，让学生在解决实际问题的过程中学习和进步。

（二）培养学生自主学习能力

以学生为中心的教学理念强调培养学生的自主学习能力，这在体育教学中同样具有重要意义。自主学习能力不仅是学生在课堂上获取知识和技能的关键，也是他们终身学习和发展的基础。

1. 引导学生自主选择学习内容

教师在体育课上提供多样化的运动项目和活动，让学生根据自己的兴趣和需求选择学习内容。例如，在篮球课上，学生可以选择练习运球、投篮或防守技术；在田径课上，学生可以选择进行短跑、长跑或跳远等项目。通过自主选择学习内容，学生能够更加投入和积极地参与到学习中。

2. 鼓励学生自主设计学习计划

指导学生制订个性化的学习计划，明确学习目标和步骤，并定期进行反思和调整。例如，学生可以根据自己的身体素质和运动能力，设定短期和长期的运动目标，并制订相应的训练计划。在这一过程中，教师应给予适当的指导和支持，帮助学生制订科学合理的计划，提高他们的计划和管理能力。

3. 提供自主学习的资源和工具

通过多媒体技术、在线学习平台等方式，为学生提供丰富的学习资源和工具。例如，教师可以制作和分享运动技术的视频，推荐相关的书籍和网站，提供运动数据分析工具等。通过这些资源和工具，学生可以在课外时间自主学习和练习，进一步提高自己的运动技能和身体素质。

4. 培养学生的自我反思和评价能力

自主学习不仅需要学生主动参与，还需要他们具备自我反思和评价的能力。教师可以通过定期的自我评估和反馈，帮助学生反思和总结自己的学习过程和成果。例如，学生可以记录和分析自己的运动表现，反思自己的优点和不足，并根据反思结果进行调整和改进。通过这种方式，学生能够不断提升自己的学习能力和效果。

（三）激发学生内在学习动力

内在学习动力是指学生基于自身兴趣、需求和价值观而产生的学习动机，是促进学生主动学习和持续学习的重要因素。

1. 营造积极的学习氛围

营造鼓励、支持和合作的学习氛围，激发学生的学习热情和动力。例如，教师可以通过鼓励和表扬，增强学生的自信心和成就感；通过小组合作和团队竞赛，增强学生的集体荣誉感和合作精神；通过多样化的教学活动和游戏，增加课堂的趣味性和参与度。

2. 设计有趣和富有挑战性的学习活动

有趣和富有挑战性的学习活动可以激发学生的学习兴趣和求知欲，促进他们积极参与和投入学习中。例如，教师可以设计趣味性强的体育游戏和竞赛，如传球接力、篮球技巧挑战赛等，通过这些活动，学生在享受运动乐趣的同时，能够不断挑战自我，提高运动技能和综合素质。

3. 提供自主选择和探索的机会

自主选择和探索的机会可以增强学生的自主性和积极性，激发他们的内在动机。例如，教师可以在课堂上提供多样化的运动项目和活动，让学生根据自己的兴趣和需求选择学习内容；通过探究式学习和项目式学习，让学生在解决实际问题的过程中进行自主探索和发现，培养他们的创新思维和实践能力。

4.建立积极的反馈和评价机制

积极的反馈和评价机制可以增强学生的学习动机和成就感。例如，教师可以通过及时的反馈和评价，帮助学生了解自己的进步和不足，增强他们的自信心和成就感；通过多样化的评价方式，如自评、互评、教师评价等，全面评价学生的学习成果和综合素质，激励他们不断进步和提高。

二、体育教学目标的重构

在新时代背景下，体育教学目标需要进行系统的重构，以满足学生全面发展的需求和社会对人才培养的新要求。

首先，体育教学需要从单一技能培养转向综合素质提升。传统的体育教学目标往往侧重通过特定的体育活动和项目提升学生的技术水平和运动能力。然而，现代教育理念强调不仅要关注学生的运动技能，还要注重综合素质的发展。体育教学应当涵盖提升身体素质、培养心理素质和发展社会素质等多方面内容。

提升身体素质是体育教学的首要目标，通过科学系统的体育活动，学生的体能得到全面提升，为学习和生活打下坚实的基础。同时，现代社会的高强度和快节奏生活对个人的心理素质提出了更高要求。体育教学可以通过竞技比赛、团队合作、个人挑战等活动，帮助学生增强自信心、意志力和抗压能力。例如，在长跑训练中，学生需要克服身体的疲劳和心理的懈怠，坚持完成训练，从而锻炼毅力和耐力。除此之外，体育活动中的团队合作、规则意识、领导力和沟通能力等社会素质也是现代人才不可或缺的能力。通过体育教学，学生可以学会在团队中合作共赢，遵守规则，尊重他人，提升社交能力和集体荣誉感。例如，在篮球比赛中，学生需要通过配合、传球、战术安排等与队友的协作，培养团队合作精神。

其次，体育教学需要融入核心素养的培养。核心素养是指学生应具备的能够适应个人终身发展和社会发展需要的必备品格和关键能力。体育教学作为全面素质教育的重要组成部分，应该融入核心素养的培养，促进学生全面发展。健康素养是核心素养的重要组成部分，体育教学应注重普及健康知识和培养健康行为。例如，通过体育与健康教育课程，向学生传授科学的锻炼方法、营养知识和健康生活方式，培养他们的健康意识和行为习惯。同时，运动技能素养是指学生在体育活动中表现出的运动能力和技巧,包括基础运动技能和专项运动技能。通过多样化的体育项目和活动,教师可以帮助学生掌握多种运动技能,提高他们的运动能力和技巧水平。

体育教学还可以通过开展竞技比赛、团队合作等活动,培养学生积极的心理素质,包括自信心、抗压能力、合作精神等。例如,通过田径训练和比赛,学生在不断挑战自我和超越自我的过程中,增强自信心和毅力。此外,体育教学应注重学生社会适应能力的培养,包括团队合作、沟通协调、规则意识等。通过团队竞技和合作活动,学生学会与他人合作,尊重规则,提升社会适应能力和集体意识。

体育教学还需培养学生形成终身体育意识。终身体育意识是指个人在一生中坚持体育锻炼和体育活动的意识和习惯。体育教学应注重培养学生的终身体育意识,使他们在未来的生活中持续保持健康的生活方式。培养体育兴趣是终身体育意识形成的重要基础。教师可以通过设计丰富多样的体育活动,激发学生的运动兴趣。例如,通过开展趣味运动会、校内外体育活动等,让学生在快乐中体验运动的乐趣,培养他们对体育的兴趣。掌握科学的锻炼方法和技能是终身体育意识形成的关键。体育教学应注重传授学生科学的锻炼方法和技能,让他们在未来能够独立进行体育锻炼和健康管理。例如,通过课程教授和实践操作,学生可以学会如何制订个人锻炼计划,选择合适的运动项目和锻炼强度,进行合理的身体调节和恢复。

同时,体育教学应帮助学生树立健康生活的理念,让他们认识到体育锻炼对身体健康和心理健康的重要性。例如,通过健康教育课程和宣传活动,向学生传递健康生活的理念,增强他们的健康意识和行为。

现代社会对人才的需求日益多样化,体育教学应结合社会需求和职业发展,帮助学生更好地适应社会和职业的要求。体育教学可以结合职业教育,培养学生的职业技能和职业素养。例如,体育教学与健康管理课程相结合,向学生传授运动康复、体育指导、健身管理等职业技能,帮助他们在未来的职业生涯中具备相关的专业能力和素质。通过提升学生的综合素质,增强他们的就业竞争力。例如,通过对团队合作、领导力、沟通协调等社会素质的培养,学生在未来的职场中能够更好地适应团队工作和职场要求,提高就业竞争力。

体育教学应帮助学生适应社会的快速变化,具备应对各种挑战和变化的能力。例如，安排学生参加体育活动中的挑战性活动和竞技类项目，能够培养学生的应变能力和抗压能力，增强适应社会变化的能力。现代社会对健康和体育的需求不断增加，体育教学可以通过培养学生的体育素养和健康意识，满足社会对健康生活方式的需求。例如，通过参加健康教育和体育活动，学生能够在家庭、社区和社会中发挥积极作用，传播健康生活理念，促进社会的健康发展。

三、教学内容的创新组织

在现代教育背景下，体育教学内容需要进行系统的创新和优化，以更好地满足学生全面发展的需求。

（一）传统与现代体育项目的整合

传统体育项目如篮球、足球、田径等，一直是体育教学的重要组成部分，这些项目对提高学生的基本运动技能、体能和团队合作精神具有重要作用。然而，随着社会的发展和学生兴趣的多样化，仅依靠传统体育项目已难以完全满足学生的需求。现代体育项目如瑜伽、攀岩、极限运动等，因新颖、有趣和挑战性强的特点，越来越受学生的喜爱和欢迎。因此，体育教学内容的创新需要将传统体育项目与现代体育项目进行有机整合。

通过整合传统与现代体育项目，教师可以设计多样化的体育课程，学生既能在传统项目中打下坚实的基础，又能在现代项目中体验新的乐趣和挑战。例如，在一学期的课程安排中，前半学期可以以篮球、足球等传统项目为主，后半学期则引入瑜伽、攀岩等现代项目。这样，学生不仅可以在传统项目中锻炼基本技能和体能，还能在现代项目中发展兴趣和特长，提高综合素质。

（二）理论与实践的有机结合

理论与实践的有机结合是体育教学内容创新的重要方面。传统体育教学往往注重实践训练，而忽视了理论知识的传授，导致学生在实际锻炼中缺乏科学的指导和方法。现代体育教学应在重视实践的同时，加强理论知识教育，使学生在锻炼中不仅会"练"，还会"学"。

在教学内容的组织上，教师可以通过课堂讲解、多媒体演示、案例分析等方式，向学生传授科学的运动原理、锻炼方法和健康知识。例如，在教授跑步技巧时，教师可以先讲解跑步的基本原理和技术要点，然后通过视频演示和案例分析，帮助学生理解和掌握正确的跑步姿势和方法。之后，再进行实际的跑步训练，让学生在实践中运用所学的理论知识，提高锻炼效果。

此外，教师还可以鼓励学生在锻炼中进行自我观察和反思，通过记录和分析自己的运动表现，反思自己的优点和不足，进一步巩固和提高理论知识和实践能力。例如，学生可以通过记录跑步的速度、距离和时间，分析自己的进步情况，制订更科学的锻炼计划。

（三）竞技与健身的平衡

体育教学内容的创新还需要在竞技与健身之间找到平衡。竞技体育注重技术和成绩的提高，对提高学生的运动技能和竞争意识具有重要作用，而健身体育则注重身体素质的提升和健康水平的维护，对学生的身心健康和生活质量具有重要意义。

在教学内容的组织上，教师可以通过设计多样化的课程和活动，将竞技与健身有机结合起来。例如，在篮球课程中，教师可以在教学初期注重基本技能的训练和竞技比赛的安排，激发学生的竞争意识和团队合作精神，而在课程的后期，则可以引入健身训练项目，如力量训练、柔韧性训练等，帮助学生提高身体素质和健康水平。

通过这样的安排，学生不仅能够在竞技比赛中提高运动技能和竞争意识，还能在健身训练中增强体能和健康水平，实现全面发展。此外，教师还可以通过设置个人目标和团队目标，激励学生在竞技和健身中不断挑战自我、超越自我，增强学习动力和成就感。

（四）传统文化与国际体育文化的融合

传统文化与国际体育文化的融合是体育教学内容创新的又一重要方面。体育作为一种文化现象，不仅是技术和体能的展示，更是文化交流和传承的重要载体。在教学内容的组织上，教师可以通过引入丰富多样的体育文化内容，促进学生对不同文化的理解和认同，增强他们的文化素养和国际视野。

一方面，教师可以通过传统体育项目的教学，传承和弘扬中华优秀传统文化。例如，通过教授武术、太极拳等传统体育项目，让学生在学习运动技能的同时，感受中华文化的独特魅力和精神内涵。通过组织传统体育文化节、武术表演等活动，激发学生对传统文化的兴趣和热爱，增强他们的文化自信和民族自豪感。

另一方面，教师还可以引入国际体育项目和文化内容，促进学生对多元文化的理解和尊重。例如，通过教授足球、篮球、橄榄球等国际体育项目，让学生了解不同国家和地区的体育文化和风俗习惯；通过组织国际体育交流活动，如与国外学校进行友谊赛、邀请国际体育专家进行讲座等，开阔学生的国际视野，增强他们的跨文化交流能力。

通过传统文化与国际体育文化的融合，体育教学不仅能够提高学生的运动技能和体能水平，还能增强他们的文化素养和国际视野，培养他们成为具有全球视野和文化自信的新时代人才。

四、教学形式的多元化

（一）大班授课与小组训练相结合

大班授课和小组训练相结合的教学形式，可以兼顾教学的系统性和个性化。大班授课有利于系统传授知识和技能，教师可以通过统一讲解、示范和指导，使所有学生掌握基本的运动技能和理论知识。同时，大班授课也便于组织集体活动，增强学生的集体意识和团队合作精神。在大班授课的基础上，进行小组训练可以针对不同学生的特点和需求，提供有针对性的练习和指导。小组训练可以根据学生的运动能力和兴趣分组，使每个学生都能在适合自己的环境中进行练习。例如，在篮球教学中，教师可以先进行大班授课，讲解基本的运球、传球和投篮技巧，然后将学生分成小组，根据他们的技术水平进行不同的训练和比赛。通过小组训练，学生能够得到更多的练习机会和个别指导，提高技术水平和参与积极性。

（二）课内教学与课外活动的衔接

课内教学与课外活动的衔接是实现体育教学目标的重要途径。课内教学主要负责系统传授运动技能和理论知识，课外活动则为学生提供了更多的实践和锻炼机会，帮助他们在实际情境中应用和巩固所学知识。

通过课内教学与课外活动的衔接，学生不仅能够在课堂上学到科学的运动方法和技能，还能在课外活动中进行更多的实践和体验。例如，教师可以在课堂上教授足球的基本技术和战术，然后组织学生在课外时间参加校内外的足球比赛和训练营，通过实际比赛提高他们的技术水平和战术意识。课外活动还可以丰富学生的运动体验，激发他们的运动兴趣。高校可以通过组织各种体育兴趣小组、俱乐部和社团活动，吸引学生积极参与。例如，通过开设篮球俱乐部、健身俱乐部等，让学生在课外时间有更多的运动选择和锻炼机会，培养他们的运动习惯和健康生活方式。

（三）竞赛与日常教学的结合

竞赛与日常教学的结合可以有效提高学生的运动技能和竞争意识。通过竞赛，学生可以在实际对抗中检验和提升自己的技术水平，同时增强竞争意识和团队合作精神。

在日常教学中，教师可以设置竞赛环节，使学生在竞争中学习和进步。例如，在田径课上，教师可以定期组织短跑、跳远等项目的比赛，让学生在比赛中提高技术和体能；在篮球课上，可以通过小组对抗赛，锻炼学生的战术意识和团队配合能力。

高校还可以通过举办校内外的体育比赛和运动会，提供更多的竞赛机会，激发学生的运动热情和竞技精神。例如，通过举办校内的篮球联赛、足球杯赛等，让学生在激烈的比赛中展示自己的运动才能，增强他们的自信心和集体荣誉感。同时，参加校外的联赛和比赛，可以让学生接触更高水平的对手和更严峻的比赛环境，提高他们的综合素质和竞技能力。

（四）线上线下混合式教学的实施

线上线下混合式教学是现代教育技术发展的产物，为体育教学提供了更多的可能性和灵活性。通过线上和线下相结合的教学形式，教师可以更好地满足学生的个性化需求，提高教学效果。

线上教学可以通过多媒体技术和互联网平台，向学生提供丰富的学习资源和个性化的指导。例如，教师可以录制示范运动技术的视频，制作PPT讲解运动原理，设计在线测验和作业，让学生在课外时间通过观看视频、阅读材料、自我测试等方式进行学习和巩固。此外，通过在线平台，教师还可以进行及时答疑和个别指导，帮助学生解决学习中的问题。

线下教学负责实际的运动训练和实践指导，通过面对面的交流和互动，教师可以更直观地观察和指导学生的动作，进行个性化的调整和反馈。例如，在田径训练中，教师可以通过现场示范和指导，帮助学生纠正跑步姿势和技术动作，提高他们的运动效果。

线上线下混合式教学可以实现教学资源的共享和学习时间的灵活安排，增强学生的学习自主性和积极性。例如，通过在线平台，学生可以随时随地进行学习和复习，提高学习效率；通过线下训练，学生可以在实际操作中巩固和提高所学知识和技能，增强学习效果。

五、教学媒体与工具的创新应用

（一）数字化教学资源的开发与使用

数字化教学资源的开发与使用是体育教学创新的重要组成部分。运用数字化教学资源，教师可以提供更加丰富多样的学习内容，增强教学的互动性和灵活性。教师可以开发和使用多媒体教学资源，如视频、动画、PPT等。这些资源可以直观地展示运动技能和技术要领，帮助学生更好地理解和掌握。例如，在教授篮球的投篮技巧时，教师可以播放专业球员的投篮视频，分步骤讲解动作要领，并通过动画展示正确的手部和身体姿势。学生可以通过反复观看视频和动画，自主学习和模仿，提高学习效果。

数字化教学资源还包括在线课程和电子书籍。教师可以通过在线平台发布课程内容、练习和测验，学生可以在课外时间进行自主学习和练习。例如，教师可以在平台上发布体能训练计划和指导视频，学生可以根据自身情况选择适合的训练内容，并通过平台提交训练日志和反馈，教师可以在线进行评估和指导。电子书籍可以提供体育理论知识和锻炼方法的详细讲解，学生可以随时查阅和学习，增强理论基础。

（二）体育教学应用程序的设计与应用

体育教学应用程序的设计与应用为教师和学生提供了便捷高效的教学工具。体育教学应用程序可以附带多种功能，如课程管理、运动数据记录、视频指导、互动交流等，为教学和学习提供全面支持。在教学中，体育教学应用程序可以帮助教师进行课程管理和学生管理。例如，教师可以通过应用程序发布课程安排、作业和通知，学生可以及时获取课程信息和任务提醒；教师可以通过应用程序查看学生的学习进度和运动表现，进行个性化指导。

体育教学应用程序可以记录和分析学生的运动数据，帮助教师和学生了解运动效果和进步情况。例如，应用程序可以通过手机或可穿戴设备记录学生的跑步距离、速度、心率等数据，并生成图表和报告，学生可以直观地看到自己的运动表现和变化情况，调整训练计划和目标。此外，应用程序还可以提供视频指导和练习示范，学生可以通过应用程序观看动作示范的视频，学习和模仿正确的技术动作，提高学习效果。

（三）可穿戴设备在教学中的运用

可穿戴设备在体育教学中的运用为教学提供了新的可能性和创新性。可穿戴设备如智能手环、智能手表、心率带等，可以实时监测和记录学生的运动数据，为教师和学生提供科学的锻炼指导和反馈。在教学中，可穿戴设备可以帮助教师进行科学的运动监测和评估。例如，教师可以通过智能手环监测学生的心率、步数、消耗的热量等数据，了解学生的运动强度和身体状况，进行个性化的训练指导和调整。在耐力训练中，教师可以根据学生的心率数据，调整训练强度和时间，确保学生在安全和有效的范围内进行锻炼。

可穿戴设备可以提高学生的自我管理和自律性。学生可以通过可穿戴设备实时了解自己的运动表现和身体状态，进行自主调节和管理。例如，学生可以通过智能手表设置锻炼目标，在规定时间进行锻炼，记录和分析运动数据，了解自己的进步情况和不足，调整和优化锻炼计划。此外，可穿戴设备还可以提高学生的学习兴趣和参与积极性。学生可以通过可穿戴设备参与各种运动挑战和竞赛，与同学进行比拼和交流，激发运动热情和竞争意识。

（四）社交媒体平台在体育教学中的应用

社交媒体平台在体育教学中的应用为教学提供了新的互动和交流方式。通过社交媒体平台，教师和学生可以进行实时交流和分享，增强教学的互动性。首先，教师可以通过社交媒体平台发布教学内容和资源，学生可以随时随地获取和学习。例如，教师可以在平台上发布示范运动技术的视频、锻炼计划和健康知识，学生可以通过观看和学习，提高运动技能和健康意识。其次，社交媒体平台可以促进教师和学生之间的互动和反馈。教师可以通过平台回答学生的问题，提供个性化的指导和建议；学生可以通过平台分享自己的学习体会和运动成果，与同学进行交流和讨论。例如，学生可以在平台上发布自己的运动视频和训练日志，分享彼此的进步和感受，教师和同学可以进行点赞、评论和建议，形成良好的学习氛围。最后，社交媒体平台还可以用于组织和宣传各种体育活动和比赛，增强学生的参与感和集体荣誉感。例如，教师可以通过平台发布校内外的体育比赛和活动通知，学生可以报名参加和分享活动经历；高校可以通过平台展示学生的运动成果和比赛成绩，表彰优秀学生和团队，激发学生的运动热情和荣誉感。

第三节 体育教学创新案例分析

一、案例一：基于移动应用的自主学习模式

（一）案例背景

随着信息技术的快速发展，移动应用在教育领域的应用越来越广泛。北京某高校体育教学团队意识到，传统的体育教学模式难以满足学生日益多样化和个性化的学习需求。为此，他们决定利用移动应用，探索一种新的自主学习模式，以提高学生的学习积极性和教学效果。该案例的背景包括学生对移动设备的依赖，学校对创新教育模式的支持，以及教师对现代教学技术的掌握。

（二）设计思路

设计思路的核心在于通过移动应用构建一个自主学习平台，学生能够在课内外随时随地进行体育学习和锻炼。具体设计思路包括以下几个方面：

1.在移动应用中整合多种学习资源，包括视频教程、文字指导、示范动画、电子书籍等，覆盖不同体育项目的技能和理论知识。

2.根据学生的身体素质、兴趣爱好和学习需求，制订个性化的学习计划和锻炼方案。学生可以通过应用进行自我评估，并根据评估结果调整学习计划。

3.利用可穿戴设备和移动应用，实时监测学生的运动数据，如心率、步数、消耗的卡路里等，并生成详细的运动报告，帮助学生了解自己的运动状态和进步情况。

4.通过应用提供师生互动平台，学生可以在线提问，教师可以及时进行解答和指导。应用还设有反馈系统，学生可以记录和反思自己的学习过程，教师可以根据反馈调整教学策略。

5.设计奖励机制，如积分系统、徽章奖励、排行榜等，激励学生积极参与体育活动，提高学习动机和参与度。

（三）实施过程

实施过程分为以下几个阶段：

前期准备：进行需求调研，了解学生的学习需求和偏好；选择和开发合适的移动应用；培训教师和学生，确保他们能够熟练使用应用和设备。

教学设计：根据教学目标和学生特点，设计具体的课程内容和学习计划。将课程内容上传至移动应用平台，确保资源丰富、内容多样。

课堂教学：在课堂教学中，教师通过移动应用进行教学示范和指导，学生通过应用观看视频示范和文字指导，进行自主学习和练习。教师在课堂上进行个别辅导和集体讲解。

课外延伸：学生利用课外时间，通过移动应用进行自主学习和锻炼。教师通过应用实时监测学生的运动数据，提供个性化指导。

评估与反馈：定期进行教学效果评估，通过移动应用收集学生的学习数据和反馈意见。根据评估结果和学生反馈，调整教学策略和学习计划。

（四）效果评估

效果评估包括以下几个方面：

1. 学习积极性

通过调查问卷和访谈，了解学生对新模式的接受度和学习积极性。结果显示，大多数学生对移动应用辅助的自主学习模式表现出浓厚的兴趣，认为这种模式提高了他们的学习积极性和参与度。

2. 学习效果

通过测试和评估，比较学生在新模式下与传统模式下的学习效果。结果表明，学生在新模式下的运动技能和身体素质都有显著提高，尤其是在个性化学习计划和实时反馈的帮助下，学生的学习效果更加显著。

3. 教师反馈

通过教师的反馈，了解新模式对教学的影响。教师普遍认为，移动应用辅助的自主学习模式减轻了课堂教学的负担，提高了教学效率，同时也促进了师生互动和个性化指导。

4. 技术应用

评估移动应用和可穿戴设备的使用情况和效果。结果显示，移动应用和可穿戴设备的使用便捷且效果良好，大多数学生能够熟练操作，并在锻炼过程中通过这些技术手段了解自己的运动数据和进展。

（五）经验总结

通过基于移动应用的自主学习模式的实践，该北京某高校在体育教学中取得了显著成效。这一模式不仅提升了学生的学习积极性和学习效果，还促进了教师的教学创新和教学效率的提高。

移动应用和可穿戴设备的使用，使教学过程更加科学和高效。教师和学生都能通过技术手段获取丰富的学习资源和实时的运动数据，增强了教学的互动性和个性化。通过移动应用，学生可以根据自己的身体素质和兴趣爱好制订个性化的学习计划，并进行自主学习和锻炼。这种个性化的学习方式，使学生的学习过程更加自主和灵活，提高了学习效果。移动应用中的激励机制，如积分系统和排行榜，有效激发了学生的学习动机和参与热情。学生在锻炼过程中通过完成任务和挑战，获得成就感和满足感，进一步增强了学习积极性。通过移动应用的互动平台，教师可以及时解答学生的问题，提供个性化指导。学生可以随时记录和反思自己的学习过程，与教师和同学进行交流和讨论，营造良好的学习氛围。

总之，基于移动应用的自主学习模式为体育教学创新提供了新的思路和方法。通过这一模式，教师可以更好地满足学生的个性化需求，提升教学质量和效果，培养学生的自主学习能力和终身体育意识。未来，随着信息技术的不断发展，这一模式将有更广泛的应用前景，为体育教育的持续发展注入新的活力。

二、案例二：基于游戏化的体育理论学习平台

（一）平台特点

某高校结合自身教学经验开发了一款名为 Sports Quest 的游戏化体育理论学习平台，旨在通过互动游戏的方式，将枯燥的体育理论知识转化为有趣的学习体验。这款平台结合了现代教育技术和游戏设计理念，使学生在游戏中学习和掌握体育理论知识。平台提供了多种互动游戏，如知识问答、情景模拟、虚拟实验等，学生可以在游戏过程中完成各种任务和挑战，逐步学习和掌握体育科学、运动生理学、运动营养学等相关理论知识。

（二）游戏设计

Sports Quest 的游戏设计包括了关卡设置、积分机制和社交元素。每个关卡对应一个具体的体育理论知识点，学生需要通过完成一系列任务来解锁下一个关卡。例如，第一关可能是关于人体肌肉系统的基础知识，学生需要通过回答相关问题、参与虚拟实验等方式来通过这一关卡。关卡设置由易到难，逐步加深学生对知识的理解和掌握。

积分机制是激励学生持续学习的重要手段。学生在完成任务、通过关卡、参与竞赛等活动后可以获得积分。积分可以用于解锁新的关卡、购买虚拟物品或参加平台内的特别活动。这种奖励机制极大地激发了学生的学习积极性和动力。同时，平台设有排行榜系统，学生可以看到自己的积分排名，与同学进行竞争和比拼，增强了学习的趣味性和竞争性。

社交元素是 Sports Quest 的另一大特色。平台设有学生社区和讨论区，学生可以在这里交流学习经验、分享学习成果、提出问题和建议。教师也可以在社区中解答学生提出的问题，进行在线指导和反馈。通过这种互动交流，学生之间、师生之间的学习互动得到了加强，形成了良好的学习氛围和合作环境。

（三）学习效果

自 Sports Quest 平台推出以来，该校的体育理论课程教学效果显著提升。学生通过这种游戏化的学习方式，能够更好地理解和掌握体育理论知识。以运动生理学课程为例，学生在虚拟实验中通过模拟人体内的能量转换过程，更加直观地理解了复杂的生物化学反应。在传统教学方式下，学生往往觉得这些抽象的理论知识枯燥乏味，而通过游戏化学习，在学生的记忆和理解效果显著提高。

此外，调查结果显示，大多数学生对 Sports Quest 平台表现出浓厚的兴趣，认为这种学习方式不仅有趣，还能有效激发他们的学习动力和积极性。积分奖励和排行榜系统的设置，使学生在完成任务和挑战的过程中不断追求进步和成就感，增强了他们的自信心和学习热情。社交元素的融入，使学生在学习过程中能够与同伴进行交流和合作，分享学习成果和经验，进一步提升了学习的互动性和参与感。一位学生在使用 Sports Quest 平台学习运动营养学课程时，通过关卡设置的任务了解到不同食物的营养成分及其对运动表现的影响。他通过虚拟实验设计自己的营养计划，并在实际生活中应用，清楚地感受到运动表现的提升。这位学生还在社区中分享了自己的经验和成果，获得了同学和老师的积极反馈和鼓励，进一步增强了学习的兴趣和信心。

三、案例三：基于 VR 技术的运动技能学习

（一）技术支持

VR 技术的快速发展为体育教学提供了新的可能性。上海某高校引入了基

于VR技术的运动技能学习平台，利用先进的VR设备和技术，创建了高度沉浸式的学习环境。这些设备包括VR头盔、运动传感器和触感手套等，能够捕捉学生的动作并提供实时反馈。VR技术的核心在于通过计算机生成的三维图像和交互界面，学生能够在虚拟环境中进行各种运动技能的练习和体验，从而提升他们的运动技术和感知能力。

（二）教学设计

在设计基于VR技术的运动技能学习时，教学团队注重构建一个系统化、互动性强的学习环境。平台提供了多种运动项目，如篮球、网球、田径等，学生可以在虚拟环境中选择不同的项目进行练习。每个项目包括基础体能训练和高级技能练习，循序渐进地帮助学生掌握从基础动作到复杂技巧的运动技能。

同时，教学设计中还会融合实时反馈和数据分析功能。通过VR设备捕捉学生的运动数据，系统能够实时分析并提供反馈，帮助学生纠正错误动作并优化技术。例如，在篮球投篮训练中，系统可以实时分析学生的投篮姿势和力量，并提供改进建议。教学内容还设计了虚拟教练功能，虚拟教练能够根据学生的表现，进行个性化指导和激励，提高学习效果。

（三）实施步骤

实施基于VR技术的运动技能学习平台包括以下几个步骤：

前期准备：学校采购并安装VR设备，确保设备的正常运行和安全使用。进行教师和学生培训，使他们熟悉VR设备的操作和使用方法。

课程设计：根据教学目标和学生需求，设计具体的课程内容和训练计划。将课程内容导入VR平台，确保教学资源的丰富性和多样性。

课堂实施：在课堂教学中，教师引导学生佩戴VR设备并进入虚拟训练环境。学生根据虚拟教练的指导进行运动技能练习，系统实时捕捉和分析学生的动作，并提供反馈和改进建议。教师在旁观察和指导，帮助学生解决实际问题。

课外延伸：学生在课外时间可以自主使用VR设备进行练习，进一步巩固和提高所学技能。教师通过系统数据分析，了解学生的练习情况和进展，进行个性化指导和调整。

评估与反馈：定期进行学习效果评估，通过系统数据和学生反馈，了解教学效果和学生掌握情况。根据评估结果，调整和优化教学设计和实施步骤。

（四）学生反馈

通过一段时间的实践，学生对基于VR技术的运动技能学习平台产生积极反馈。大多数学生表示，VR环境下的学习体验非常真实和有趣，使自己更有动力和兴趣进行运动技能练习。学生普遍认为，实时反馈和虚拟教练的个性化指导对自己的技术提升有很大帮助。例如，在田径训练中，学生可以通过VR技术准确了解自己起跑、加速和冲刺的动作细节，并根据反馈不断改进，显著提高了运动表现。

学生还提到，VR技术使自己能够在虚拟环境中进行高难度和高风险的技能练习，不必担心受伤。例如，在体操训练中，学生可以反复练习高难度的翻转动作，逐步掌握技巧并提升自信心。此外，学生表示，VR平台提供的数据分析和记录功能，帮助自己了解进步情况和不足，使自己可以更加有针对性地进行训练和改进。

（五）优势与局限性

基于VR技术的运动技能学习平台具有许多优势。首先，VR技术提供了高度沉浸式和互动性的学习环境，使学生能够在虚拟世界中进行逼真的运动技能练习，增强了学习的趣味性和实际效果。其次，实时反馈和个性化指导功能，帮助学生快速发现和纠正错误动作，提高学习效率和技能掌握水平。最后，VR技术的应用使得高难度和高风险的技能练习变得安全可行，学生可以在无风险的环境中反复练习，提高技术水平和自信心。

然而，基于VR技术的运动技能学习平台也存在一些局限性。首先，VR设备的高成本和维护费用，对高校的资金投入和技术支持提出了较高要求。其次，学生长时间使用VR设备，可能会出现视觉疲劳、头晕等不适反应，需要合理控制使用时间和频率。最后，尽管VR技术能够提供高度逼真的训练环境，但与真实环境仍存在一定差距，学生需要在实际场地中进行进一步的实践和验证，以巩固和提高所学技能。

通过这一创新教学案例，学生不仅提高了运动技能，还获得了更加个性化和高效率的学习体验。未来，随着技术的不断进步和应用的深入，VR技术将在体育教学中发挥更大的作用，为学生的全面发展和运动技能提升提供更多支持。

第八章　高校体育教学中的评价与反馈

第一节　体育教学评价体系

一、体育教学评价的概念与目的

（一）体育教学评价的概念

体育教学评价是指在体育教学过程中，通过系统的、科学的手段和方法，对教学活动的各个方面进行观察、测量、分析和评价，从而全面、客观地反映体育教学效果的过程。评价不仅限于对学生体育成绩的简单评估，还涵盖了对教学目标、教学内容、教学方法、教学过程，以及学生的学习态度、参与程度、身体素质、技能掌握情况等多方面的综合评价。具体而言，体育教学评价涉及多个层面。教学目标的评价主要是评估教学目标的设置是否合理，是否符合学生的实际情况，以及目标是否具有明确性和可操作性。教学内容的评价，评估的是教学内容的选择是否科学，是否符合课程大纲的要求，是否具有实用性和操作性，能否满足学生发展的需要。教学方法的评价也是重要的组成部分，评估教学方法的运用是否恰当，是否符合教学内容和学生的实际情况，能否激发学生的学习兴趣和积极性。教学过程的评价则注重教学过程的合理性，教学环节是否紧凑，教师的教学组织能力和课堂管理能力如何。学生学习效果的评价主要评估学生的学习态度、参与程度、身体素质、技能掌握情况及心理健康水平等。

（二）体育教学评价的目的与作用

1. 促进学生身心发展

体育教学评价可以帮助学生全面了解自身的体育素质和运动能力。通过系统的评价，学生能够清楚知道自己的优势和不足，从而有针对性地进行改进和提升。例如，通过体能测试，学生可以了解自己的心肺耐力、力量、柔韧性等方面的状况，进而制订科学的锻炼计划，促进身体素质的全面发展。体育教学评价能够激发学生的学习兴趣和积极性。当学生看到自己的进步和成长时，会产生成就感和自信心，从而更加积极地参与体育活动。在评价过程中，教师的及时反馈和鼓励也能增强学生的学习动机，促进他们不断挑战自我、超越自我。体育教学评价还能够培养学生的自我管理和反思能力。在评价过程中，学生需要对自己的表现进行自我评估和反思，这有助于他们认识到自身的不足，制定改进措施，逐步提高自己的体育素养和运动技能。

2. 提高教师教学质量

通过系统的评价，教师可以全面了解教学效果和学生的学习状况，从而找出教学中的不足和问题。例如，教师可以通过学生的评价了解哪些教学内容难度过大，哪些教学方法不适用，进而调整教学策略，优化教学设计。体育教学评价有助于教师不断改进教学方法和手段。在评价过程中，教师可以尝试不同的教学方法，观察其效果，选择最有效的方法进行推广和应用。例如，教师可以通过课堂观察、学生访谈等方式，了解学生对不同教学方法的接受情况，从而优化教学方法，提高教学效果。体育教学评价还能促进教师之间的交流与合作。通过分享和讨论评价结果，教师可以相互学习、借鉴优秀的教学经验和做法，共同提高教学水平。

3. 完善高校课程建设

通过系统的评价，高校可以全面了解现行体育课程的优缺点，从而进行科学的调整和改进。例如，对不同年级、不同班级的评价结果进行分析，高校可以发现课程内容的设置是否合理，是否符合学生的实际需求，进而对课程内容进行优化和调整。在评价过程中，高校可以根据学生的实际情况和发展需求，制定科学、合理的课程标准和教学大纲，确保课程设置的科学性和系统性。例如，高校可以根据学生的年龄特点、身体素质和运动技能水平，制定不同年级的课程标准，确保课程内容的循序渐进和科学合理。体育教学评价还能为高校体育资源的配置和管理提供科学依据。通过评价结果，高校可以了解哪些体育设施和设备使用率高，哪些体育活动受到学生欢迎，从而进行科学合理的资源配置，提高体育资源的利用率和管理水平。

二、体育教学评价的内容与标准

教学评价的内容与标准是确保教学评价科学性和有效性的核心。通过设定明确的评价内容和标准，可以全面衡量学生在认知、技能和情感方面的进步，确保评价的公平、公正和透明。

（一）认知目标的评价

认知目标的评价主要是指对学生在知识理解和掌握方面的评估。在高校体育教学中，认知目标的评价内容包括以下几个方面：

1. 理论知识

理论知识的评价包括对体育相关基础理论、规则、战术等内容的评估。例如，评估学生对不同运动项目的规则、基本战术，以及体育科学知识（如生理学、营养学、运动心理学）的理解和掌握情况。通过对理论知识的评价，可以了解学生对体育科学基础理论的掌握是否牢固，是否能够运用所学知识解决实际问题。

2. 运动技能原理

运动技能原理的评价侧重讨论学生对各种运动技能原理和技术动作的理解和掌握程度。例如，评估学生能否准确描述和解释跑步、跳跃、投掷等基本动作的技术要点和力学原理。通过对运动技能原理的评价，可以判断学生是否能够从理论层面理解和掌握技术动作的要领，为实际操作打下坚实基础。

3. 健康知识

健康知识的评价涉及健康生活方式、预防运动损伤的方法等方面。例如，评估学生是否了解合理的饮食、科学的训练方法及伤后康复措施等。通过对健康知识的评价，可以提高学生的健康意识，帮助他们养成良好的生活习惯，并有效预防和应对运动中的常见损伤。

认知目标的评价方法可以包括笔试、口试、论文、项目报告等多种形式。通过这些方式，可以全面评估学生的知识水平和理解能力，确保评价的全面性和科学性。例如，笔试和口试可以直接考查学生的理论知识掌握情况，论文和项目报告可以评估学生对某个特定问题的深入理解和分析能力。

（二）技能目标的评价

技能目标的评价主要是对学生实际操作能力和运动技能方面的评估。在高

校体育教学中,技能目标的评价内容包括以下几个方面:

1. 基本运动技能

基本运动技能的评价主要是指对学生各种基本运动技术动作的掌握和应用能力的评价。这些技能通常包括跑步、跳跃、投掷、游泳等项目中的技术动作。评价学生在这些方面的表现,主要看他们的技术动作是否规范、熟练,是否能够在不同情境下正确应用。例如,在跑步项目中,评估学生的起跑技术、步伐频率和姿势是否符合标准;在跳跃项目中,评估学生的助跑、起跳和落地动作是否协调一致。通过对基本运动技能的评价,可以了解学生的基础运动能力,为进一步提高其专项技能打下基础。

2. 专项运动技能

专项运动技能是指学生在特定运动项目中的专项技能水平。这类技能的评价涉及学生在具体运动项目中的技术能力,如篮球、足球、网球等项目中的技术动作。例如,在篮球项目中,评价内容包括投篮、传球、运球等技术动作的准确性和熟练度;在足球项目中,评估学生的传接球、带球、射门等技术能力。通过对专项运动技能的评价,可以了解学生在某个特定运动项目中的技术水平,为其专项训练和发展提供方向和依据。

3. 综合运动能力

综合运动能力是指学生在实际运动中的整体表现,包括协调性、灵活性、力量、速度、耐力等多方面的能力。这些能力的评价通常通过体能测试、专项比赛等方式进行。例如,通过立定跳远、50米跑、仰卧起坐等体能测试评估学生的力量、速度和耐力;通过篮球比赛、足球比赛等专项比赛评估学生在实际对抗中的表现。综合运动能力的评价能够全面反映学生的身体素质和运动水平,有助于了解其整体运动能力和潜力。

为了全面评估学生的运动技能和实际操作能力,可以采用实践测试、技能展示、运动竞赛等评价方式。

(三)情感目标的评价

情感目标的评价主要是对学生在态度、兴趣、价值观等方面的评估。在高校体育教学中,情感目标的评价内容包括以下几个方面:

1. 体育兴趣与态度

体育兴趣与态度的评价是为了了解学生对参与体育活动的兴趣、态度和积极性，包括评估学生是否积极参与体育课和课外体育活动，是否表现出对运动的热情和投入。具体评价内容如下：

（1）评估学生在体育课和课外活动中的活跃度和积极性。高活跃度和积极性通常表现为学生主动参加体育活动，认真完成体育课程中的各项任务。

（2）评估学生对各种体育项目的兴趣程度，以及在参与体育活动时表现出的热情和投入度。例如，学生是否在课堂上表现出对学习新运动技能的渴望，是否在课外时间主动参加体育锻炼或体育俱乐部。

（3）评估学生在体育活动中的态度。例如，是否认真对待体育课，是否遵守课堂纪律，是否表现出积极向上的运动精神。

2.体育精神与品德

体育精神与品德的评价是为了了解学生在体育活动中表现出的团队合作精神、竞争意识和公平竞赛的品德，包括评估学生在比赛中是否遵守规则、尊重对手、表现出良好的体育道德。具体评价内容如下：

（1）评估学生在团队运动项目中的合作能力和团队精神，包括学生是否能够与队友良好合作，是否能够为团队利益着想，是否在团队中发挥积极作用。

（2）评估学生在体育活动中的竞争态度和行为，包括学生是否具有积极健康的竞争意识，是否能够在竞争中保持良好的心态，是否能够接受失败并从中学习和成长。

（3）评估学生在体育活动中的道德表现和公平竞赛精神，包括学生是否遵守比赛规则，是否尊重对手和裁判，是否在比赛中表现出公平竞争的态度。

3.健康价值观

健康价值观的评价是为了了解学生对健康生活方式和终身体育的认识和态度，包括评估学生是否树立了健康的生活观念，是否养成了良好的锻炼习惯。具体评价内容如下：

（1）评估学生是否认同并践行健康生活方式，包括学生是否注重饮食健康，是否有规律的作息时间，是否积极参加体育锻炼。

（2）评估学生对终身体育理念的认识和接受程度，包括学生是否理解终身体育的意义，是否愿意将体育锻炼作为终身习惯，是否能够制订并坚持个人锻炼计划。

（3）评估学生对运动损伤预防和健康保健知识的掌握情况，包括学生是否了解科学的训练方法，是否能够正确应对运动损伤，是否掌握基本的健康保健知识。

情感目标的评价方法可以包括问卷调查、日记、访谈、学生自评和同伴互评等，通过这些方式全面评估学生在情感和态度方面的发展状况。

（四）评价标准的制定

科学合理的评价标准能够为教师提供清晰的指导，为学生提供明确的目标，进而提升整体教学质量。制定高校体育教学评价标准应综合考虑以下内容：

1. 明确性

明确具体的评价标准能够让教师和学生清楚理解评价的内容和要求。例如，在评价某项体育技能时，标准应详细描述动作的每个要点和评分细则，而不是简单地给出"动作正确"或"动作错误"这样的模糊描述。明确的标准有助于使学生知道自己需要达到什么样的标准，教师也可以依据具体标准进行精准的评估和指导。

2. 可操作性

如果评价标准不具有可操作性，那么设计得再科学合理也难以落实。在制定标准时，应考虑评估方法和步骤的可行性。例如，对于复杂的技能动作，标准中应详细说明评估的步骤、方法和工具，如采用分阶段评估法，逐步检查每个动作要点的完成情况，确保评价过程顺畅进行。此外，标准应尽量避免复杂和烦琐，以免增加教师和学生的负担。

3. 公正性

评价标准必须公平公正，避免片面和主观，这就要求标准中包括客观的评价指标和量化的评分系统。例如，可以通过量化的评分表或打分卡来评估学生的表现，减少教师个人主观因素对评价结果的影响。标准的设计应保证所有学生在同样的条件下接受评估，确保每个学生都能得到公正的评价。

4. 多元性

学生的发展是多方面的，评价标准应全面涵盖认知、技能、情感等各个方面。例如，在体育课程中，不仅要评价学生的运动技能，还要评估他们对理论知识的掌握情况，以及在团队合作和比赛中的情感态度。通过多元化的评价标准，教师可以全面掌握学生的学习情况，促进他们的全面发展。

5.发展性

评价标准应关注学生的进步和成长，而不仅只关注当前的表现。例如，标准中可以包括对学生进步情况的评估，设立进步奖或成长奖，鼓励学生在现有的基础上不断提高和发展。这样的设计不仅能激发学生的学习动力，还能帮助他们建立自信心，看到自己的成长和进步。

通过制定科学合理的评价标准，可以确保教学评价的有效性和公平性，促进学生的全面发展，提升教学质量。在实际操作中，评价标准应根据教学实践和学生需求进行调整和优化，以更好适应教学要求和发展趋势。教师可以定期对评价标准进行反思，并结合学生的反馈和教学效果，不断完善评价体系。例如，教师可以通过问卷调查、座谈会等方式收集学生和同事的意见，评估标准的合理性和实用性，并进行必要的调整。

三、评价体系的科学性与有效性保障

要确保高校体育教学评价体系的科学性与有效性，必须从管理、教学、教师发展、学生参与和技术支持等多个角度进行系统规划和实施。

（一）高校体育教学管理

高校体育教学管理部门应制定科学的评价政策，明确评价的目标、内容、方法和标准。这些政策应基于体育教育的实际情况和发展需求，确保评价具有可操作性和实用性，同时具备灵活性，能够根据实际情况进行调整和优化。对参与评价的教师和评估人员进行定期培训，提高他们的专业素养和评价技能。培训内容应包括最新的评价理论和方法、数据分析技能和反馈技巧，通过培训，确保评价人员能够准确、公正地进行评价。此外，建立有效的反馈与改进机制，将评价结果及时反馈给教师和学生，帮助他们了解自身的优点和不足。管理部门应定期对评价体系进行审查和改进，确保其与时俱进，不断优化评价过程和方法。

（二）高校体育教学

在体育教学过程中，采用综合性评价方法，结合定量和定性评价手段，是实现科学评价的基础。综合性评价方法能够更全面地反映学生的实际情况，例如，采用实践测试、技能演示、比赛表现和问卷调查等方法，全面评估学生的体育素养和发展情况。根据评价结果，实施个性化教学指导，帮助学生发现并提升自己的弱项，教师应根据学生的不同需求，设计有针对性的训练计划和教学方案，确保每个学生都能够在体育学习中得到充分的发展。尝试多样化的教学活动和评价方式，激发学生的参与积极性也非常重要。例如，组织校内外体育比赛、趣味运动会、体育兴趣小组等，增加学生参与体育活动的机会和兴趣。在评价过程中，注重激励学生的进步和努力，提升他们的自信心和成就感。

（三）教师发展

教师的发展是确保评价体系科学和有效的重要环节。鼓励和支持体育教师不断提升自己的专业知识和技能，积极参加专业培训、学术交流和科研活动，通过不断学习和实践，提升教师的教学水平和评价能力。同时，建立教师合作与交流平台，促进教师之间的经验分享和共同进步。通过集体备课、教学研讨、案例分析等活动，增强教师的合作意识和团队精神，提高整体教学质量。鼓励教师进行教学反思，根据评价结果及时调整和改进教学方法，通过自我反思和同行评议，发现教学中的不足和改进方向，不断提升教学质量和学生满意度。

（四）学生参与

学生的参与是确保评价有效性的关键因素之一。培养学生的自主学习和自我评价能力，引导学生主动参与到评价过程中来，例如，通过日记、自我评价表等方式，帮助学生记录和反思自己的学习过程和进步情况。同样，鼓励学生进行同伴互评和协作学习，互相学习、共同进步。同伴互评可以提供更多元的视角和反馈，促进学生在团队中发展和提升自己。

（五）技术支持

技术支持是现代高校体育教学评价体系的重要组成部分。建立信息化评价系统，实现评价过程的自动化和数据化，通过信息化手段，能够更高效地收集、处理和分析评价数据，提高评价的科学性和精准性。利用现代数据分析技术，对评价数据进行深度分析，发现教学中的规律和问题，通过数据管理平台，使教师和管理人员可以随时查看和使用评价数据，为教学决策提供科学依据。此外，通过在线平台，及时向学生和教师反馈评价结果，提供个性化的改进建议。同时，建立资源共享平台，分享优秀的教学案例、评价工具和学习资源，促进教学和评价水平的整体提升。

通过上述多角度、多层次的措施，高校体育教学评价体系的科学性和有效性将得到有效保障，进而全面提升体育教学质量，促进学生的全面发展。

第二节　体育教学评价方法

一、高校体育教学常用评价方法

（一）测试法

测试法是高校体育教学定量评价中最常用的方法之一，通过实际测量学生的体能、技能和理论知识水平来进行评价。测试法主要包括体能测试、技能测试和理论知识测试。

1. 体能测试

体能测试主要用于评估学生的身体素质和运动能力。具体测试项目包括耐力、力量、速度、灵敏度和柔韧性等。例如，可以通过长跑测试学生的耐力，通过俯卧撑或引体向上测试学生的力量，通过短跑测试学生的速度，通过折返跑测试学生的灵敏度，通过坐位体前屈测试学生的柔韧性。每项测试都有具体的评分标准，根据学生的测试结果给予相应的分数，以此评估其体能水平。

2. 技能测试

技能测试用于评估学生对特定运动项目的掌握程度。例如，在篮球项目中，可以测试学生的运球、投篮和传球技能；在足球项目中，可以测试学生的运球、射门和传球技能；在游泳项目中，可以测试学生的不同泳姿和游泳速度。技能测试通常通过设定具体的技术动作和评分标准，对学生的技术表现进行量化评价。

3. 理论知识测试

理论知识测试用于评估学生对体育理论知识的掌握情况。可以采用笔试的形式进行测试，包括选择题、填空题、判断题和简答题等。测试内容可以涵盖体育运动的基本原理、运动生理学、运动心理学、运动损伤与预防等方面。通过理论知识测试，可以了解学生对体育理论知识的理解和掌握情况。

（二）问卷调查法

问卷调查法是通过设计问卷，收集学生对体育课程的意见和建议，以及其在体育学习中的体验和感受来进行评价的方法。问卷调查可以包括多项选择题、评分题和开放性问题等。通过问卷调查，可以了解学生对体育教学内容、教学方法、教学效果和教学设施等方面的看法，进而改进教学工作。问卷调查法不仅能够定量地反映学生对体育课程的满意度，还可以了解学生在体育学习中的主观感受，为教学改革提供参考依据。

（三）统计分析法

统计分析法是对收集到的测试数据和问卷调查结果进行统计分析，通过数学和统计学的方法，对数据进行整理、分析和解释的评价方法。例如，可以通过均值、标准差、中位数等统计指标，了解学生体能和技能水平的整体状况；通过相关分析、回归分析等方法，探讨不同因素对学生体育学习效果的影响。统计分析法不仅能够客观地反映学生的体育学习效果，还可以揭示教学中的问题和不足，为教学改革提供科学依据。

（四）观察法

观察法是通过直接观察学生在体育教学活动中的行为和表现，记录和分析他们的参与情况、技术动作、合作精神和情感体验的评价方法。这种方法可以提供直观、详细和真实的第一手资料，是了解学生在体育学习过程中实际表现和变化的重要手段。教师可以根据体育课程的具体内容和教学目标，设计详细的观察指标和记录表。例如，在篮球课上，可以观察学生的运球、传球、投篮等技术动作的规范性和熟练度；在团队合作项目中，可以观察学生在运动时表现出来的合作态度、沟通能力和团队精神。观察记录应尽量详细、客观，并在不同时间、不同情境下进行多次观察，确保数据的全面性和可靠性。观察法能够捕捉学生在真实情景中的自然表现，提供动态和过程性的评价资料。通过观察，教师可以直观地了解学生的行为模式、技术水平和情感反应，从而及时发现问题、调整教学策略。然而，观察法也存在一定的不足。例如，观察者的主观偏见可能影响观察结果的客观性和准确性，同时，系统的观察记录和分析也需要较高的专业素养和时间投入。因此，为了提高观察法的科学性和有效性，教师应接受相关培训，并采用多种方法交叉验证观察结果。

（五）访谈法

访谈法是通过与学生进行面对面交流，了解他们对体育教学活动的感受、看法和建议的评价方法。访谈法可以弥补观察法的不足，深入探讨学生的内心体验和态度转变，是获取深层次评价信息的重要途径。教师应根据体育课程的具体内容和教学目标，设计开放式和半结构化的问题，确保访谈内容的针对性和深入性。例如，可以询问学生对体育课程内容和教学方法的看法，了解他们在体育学习中遇到的困难和挑战，明确他们对体育活动的兴趣和动机。访谈应尽量在轻松、友好的氛围中进行，鼓励学生坦诚表达自己的真实想法，并记录访谈内容以供后续分析。

访谈法的优势在于能够深入了解学生的主观体验和态度变化，获取丰富的质性数据。通过访谈，教师可以了解学生在体育学习中的情感反应、价值观念和行为动机，从而为改进教学提供有针对性的建议。然而，访谈法也存在一定的不足。例如，访谈对象的选择和访谈问题的设计需要仔细斟酌，避免信息的片面性和偏差，同时，访谈过程中的互动和交流也需要较高的沟通技巧和耐心。因此，为了提高访谈法的科学性和有效性，教师应接受相关培训，并采用多种方法交叉验证访谈结果。

（六）案例分析法

案例分析法是通过选取典型的学生个案，深入分析他们在体育学习中的经历、表现和变化，揭示教学活动的实际效果和问题的方法。案例分析法不仅能够提供详细的个案资料，还可以为解决类似问题提供参考和借鉴。

案例分析法的实施需要有明确的案例选择标准和系统的分析框架。教师可以根据体育课程的具体内容和教学目标，选择具有代表性的学生个案，例如，选择在体育学习中表现突出的学生，或者在某些方面存在困难的学生。案例分析应包括详细的背景资料、行为记录、访谈内容和教师的观察与评价。通过系统的分析，可以揭示个案学生在体育学习中的变化和发展，探讨影响其学习效果的关键因素，并为改进教学提供有针对性的建议。

案例分析法能够提供详细、深入和具体的个案资料，为理解学生的学习过程和行为模式提供丰富的信息。通过案例分析，教师可以总结和发现教学活动中的成功经验和存在的问题，从而为改进教学方法提供有针对性的建议。然而，案例分析法也存在一定的不足。例如，个案的选择和资料的收集需要教师具备较高的专业素养并投入相应时间，同时，案例分析的结果可能具有片面性和局限性。因此，为了提高案例分析法的科学性和有效性，教师应采用多种方法交叉验证分析结果，并结合实际情况进行综合评价。

二、形成性评价与总结性评价相结合策略

在教育评价体系中，形成性评价和总结性评价是两种重要且互补的评价方式，它们在不同的教育阶段和情境中发挥着不同的作用，对提升教学效果和促进学生的发展具有重要的指导意义。形成性评价是一种在教学过程中持续进行的评价方式，旨在实时获取学生学习的反馈信息，从而及时调整教学策略和内容。其核心在于通过不断的反馈和调整，帮助学生更好地理解和掌握知识，提高学习效果。形成性评价的特点包括过程性、互动性、诊断性和激励性。它贯穿于整个教学过程，随时进行，不限定于某个特定时间点，强调师生之间的互动。通过教师的指导和学生的反馈，促进教学相长；通过评价及时发现学生的学习问题，提供有针对性的帮助和指导；关注学生的学习过程和进步，激励学生不断努力，激发学习动力。

相比之下，总结性评价是在某个特定教学阶段结束时，对学生学习成果进行的综合评价，目的是评估学生在特定时间段内所掌握的知识和技能，判断其是否达到了预定的教学目标。总结性评价通常具有终结性、综合性、标准性和决策性。它在课程或学习阶段结束时进行，具有明确的时间节点，它对学生的学习效果进行全面、系统的评估，涵盖知识、技能、态度等方面。其评价标准明确，通常通过考试、测试、项目等形式进行。总结性评价的结果往往用于对学生学习成果的决策，如学业成绩评定、升学资格判定等。

在高校体育教学中，合理运用形成性评价和总结性评价，不仅可以提高教学效果，还能促进学生的全面发展。形成性评价在高校体育教学中具有重要作用。教师应与学生共同制定明确的学习目标和评价标准，使学生了解自己的学习方向和评价依据。在教学过程中，教师通过观察、记录、测试等方式，持续监测学生的学习进展，根据反馈信息，及时调整教学内容和方法，确保每个学生都能跟上学习进度。为了全面了解学生的学习情况，可以运用多种评价形式，如课堂提问、小组讨论、实践操作、学习日志等，这有助于促进学生的全面发展。根据形成性评价的结果，教师还应为不同水平的学生提供个性化的指导和帮助，帮助他们克服学习中的困难，提升体育技能。同时，通过设置合理的激励机制，如表扬、奖励、展示优秀作品等，可以激发学生的学习热情和积极性，促进其不断进步。

总结性评价在高校体育教学中同样不可或缺。在每个学期结束时，教师通

常会通过期末考试、项目报告或综合测试等形式，对学生在整个学期中的学习成果进行评价。这些评价能够全面反映学生在体育课程中的表现，包括他们的身体素质、体育技能、团队合作能力等。总结性评价的结果不仅用于评定学生的学业成绩，还可以为教师改进教学方法提供参考。例如，通过分析学生在总结性评价中的表现，教师可以了解哪些教学内容或方法需要改进，以便在下一学期中进行调整和优化。此外，学生在总结性评价中的表现也可被用于升学、评优等决策，为学生未来的发展提供重要依据。

三、体育教学创新评价方法

随着科技的进步和教育理念的更新，传统的体育教学评价方法已经不能完全满足现代教育的需求。为了更全面和有效地评估学生的体育学习效果，信息技术的辅助、多元主体的参与，以及学习档案袋评价法逐渐被引入并受到重视。这些创新的评价方法不仅丰富了体育教学的评价手段，还更好地促进了学生的全面发展。

（一）信息技术辅助评价

信息技术的发展为体育教学评价带来了全新的可能性。通过智能穿戴设备、视频分析和在线评价系统，教师可以更全面、客观和实时地获取学生的体育学习数据，从而提升评价的准确性和科学性。

1.智能穿戴设备评价

智能穿戴设备如智能手环、智能手表等，能够实时监测和记录学生的运动数据，如心率、步数、运动距离、消耗的卡路里等。这些数据不仅能够直观地反映学生的运动量和运动强度，还可以帮助教师了解学生的身体健康状况。例如，通过分析心率数据，教师可以判断学生在运动中的负荷情况，进而调整教学内容和强度，以确保学生在安全有效的范围内进行锻炼。此外，智能穿戴设备还可以记录学生的长期运动习惯和健康数据，为制订个性化的体育锻炼计划提供重要参考。

2.视频分析评价

视频分析技术在体育教学中的应用主要体现在对学生运动技能和动作的评估上。通过录制学生的运动过程，教师可以对视频进行逐帧分析，详细观察和评估学生的动作规范性、技术掌握情况和改进空间。视频分析不仅可以帮助教师发现学生在运动中的不足，还可以为学生提供直观的数据，使他们更清楚地了解自己的表现并进行改进。此外，视频分析还可以用于课堂教学的复盘，教师可以通过视频回放，分析课堂教学的效果，总结经验，提升教学质量。

3.在线评价系统

在线评价系统为体育教学评价提供了便捷和高效的工具。教师可以通过在线平台，发布测评任务，收集学生的运动数据和反馈意见，并进行数据分析和评价。在线评价系统通常具有自动化数据处理和报告生成功能，可以极大减少教师的工作量，提高评价的效率和准确性。例如，学生可以通过手机或电脑上传运动视频，教师可以在线进行评估和反馈；系统还可以自动生成学生的运动表现报告，帮助学生了解自己的进步情况和需要改进的方面。

（二）多元主体参与评价

多元主体参与评价强调不同评价主体的协同合作，形成多维度、多层次的评价体系。通过教师评价、学生自评与互评及专家评价，能够更全面和客观地反映学生的体育学习效果，促进学生的全面发展。

1.教师评价

教师评价在体育教学中占据重要地位。教师不仅是评价的实施者，也是评价的设计者和反馈者。通过观察、测试和记录，教师可以全面了解学生的体育表现，包括身体素质、运动技能、团队合作能力等。教师评价的优势在于其专业性和针对性，教师可以根据学生的实际情况，提供个性化的指导和反馈，帮助学生不断改进和提升。例如，教师可以通过定期的体能测试，了解学生的身体素质发展情况，并根据测试结果调整教学内容和方法。在技能训练中，教师可以通过观察和纠正学生的动作，帮助他们掌握正确的技术。

2.学生自评与互评

学生自评与互评是多元主体参与评价的重要组成部分。通过自评，学生可以反思自己的学习过程和表现，明确自己的优势和不足，增强自我管理和自我提升的意识。互评则通过学生之间的相互评价，促进学生之间的交流和学习，培养团队合作和沟通能力。例如，在篮球课后，教师可以组织学生进行自评和互评，学生根据自己的表现打分和评价，同时也对同伴的表现提出意见和建议。通过这种方式，学生不仅可以获得来自同伴的反馈，还可以了解到不同的观点和经验，提升自身的综合素质。

3. 专家评价

专家评价是多元主体参与评价中不可或缺的一环。专家通常是具有丰富经验和高水平专业知识的体育教育工作者或学者，他们能够从更高层次和更专业的角度，对学生的体育学习效果进行评估和指导。专家评价不仅可以为教师和学生提供宝贵的意见和建议，还可以提升整个体育教学评价的科学性和权威性。例如，学校可以定期邀请体育教育专家对学生的运动技能进行专项评估，或者邀请专家对体育课程的设计和实施进行指导和评价，从而不断优化体育教学的内容和方法。

（三）学习档案袋评价法

学习档案袋评价法是一种以学生学习过程和成果为基础的评价方法，通过建立和管理学生的学习档案，全面记录和反映学生的体育学习情况，为评价提供系统和详细的资料。

教师应根据教学目标和评价标准，设计和制定学生学习档案的内容和形式。学习档案通常包括学生的体能测试记录、运动技能评估、学习日志、作品展示等。建立学习档案的目的是系统和全面地记录学生的学习过程和成果，为后续的评价提供依据。例如，在体育课程开始时，教师可以为每个学生建立个人档案，记录他们的初始体能状况和运动技能水平，并在学习过程中不断更新和补充档案内容。

档案内容的选择应具有代表性和多样性，既要反映学生的学习成果，也要记录学习过程中的重要环节和关键事件。具体来说，档案内容可以包括以下几个方面：

体能测试纪录：如跑步、跳远、引体向上等项目的测试成绩，反映学生的体能状况和发展情况。

运动技能评估：包括学生在各类体育项目中的技术表现和进步情况，如篮球运球、排球发球等。

学习日志：学生记录自己在体育课中的学习心得、训练感受和反思，通过文字的形式展现自己的体育学习经历。

作品展示：学生在体育课或课外活动中的优秀表现或作品，如比赛获奖证书、运动会成绩单、体育活动照片等。

教师应定期对学生的学习档案进行检查和评估，根据档案内容全面了解学生的学习情况，并为学生提供具体和详细的反馈。档案评价不仅关注学生的学习成果，还重视学习过程中的努力和进步，强调对学生个性化发展和综合素质的全面评价。例如，教师可以每月或每学期对学生的学习档案进行一次全面评估，综合分析学生的体能发展、技能掌握、学习态度和参与情况，并通过面谈或书面反馈的形式，将评价结果和改进建议及时传达给学生，帮助他们明确自己的优势和不足，制订下一步的学习计划和目标。

这些创新评价方法不仅提升了体育教学的效果，还促进了学生的全面发展，使他们在体育学习中获得更多的知识和技能，培养了积极向上的体育精神和健康的生活方式。在未来的体育教学中，应不断探索和完善这些创新评价方法，充分发挥其优势，为学生的成长和发展提供更有力的支持和保障。

第三节　体育教学反馈机制

一、反馈在高校体育教学中的重要性

在高校体育教学中，反馈是一个不可或缺的环节，不仅可以帮助学生认识到自己的优缺点，还能指导学生改进技术，提高整体体育锻炼效果。

（一）促进学生技能掌握和改进

在体育教学过程中，学生需要不断了解自己在运动技能上的进步和不足。教师通过及时、准确的反馈，让学生明确自己需要改进的地方，并有针对性地进行练习和调整。例如，在学习篮球投篮技术时，教师可以通过反馈告诉学生投篮动作中的具体问题，如手腕力度不足或姿势不正确。这样，学生可以有针对性地进行调整，逐步提高自己的投篮技术。

（二）增强学习动机和自信心

在体育教学中，学生常常面临各种挑战和困难，及时的鼓励和肯定能帮助他们克服困难，保持积极的学习态度。研究表明，当学生收到正面反馈时，他们对所学内容的兴趣和参与度会显著增加，学习效果也会更好。此外，建设性的反馈不仅能够指出学生的不足，还能提供具体的改进建议，有助于学生看到自己的进步，增强自信心。

（三）有效实现教学目标

通过反馈，教师可以了解学生是否掌握了学习内容，是否达到了预期的教学效果。例如，在体能训练课程中，教师可以通过定期测试和反馈，了解学生的体能水平是否有所提升，是否达到了课程设定的训练目标。这种反馈机制有助于教师及时调整教学内容和方法，确保教学目标的实现。

（四）促进师生互动和沟通

高校体育教学不仅是知识和技能的传授过程，还是师生互动和情感交流的重要平台。通过反馈，教师和学生可以建立更加紧密的联系，增进彼此的理解和信任。例如，在课堂上，教师可以通过提问和反馈的方式，与学生进行互动，了解学生的学习情况和需求。这种互动不仅有助于提高教学效果，还能营造良好的学习氛围。

（五）为教学调整提供依据

教学是一个动态调整的过程，教师需要根据学生的反馈不断优化教学内容和方法。通过收集和分析学生的反馈，教师可以发现教学中的问题和不足，及时进行调整和改进。例如，教师可以通过问卷调查、课堂观察等方式，了解学生对教学内容、教学方法和教学节奏的意见和建议，并据此进行相应的调整，以提高教学的针对性和有效性。

二、即时反馈与延迟反馈的运用策略

（一）即时反馈与延迟反馈

即时反馈是教师在学生完成动作或任务后立即给予的反馈。这种反馈方式具有迅速纠正错误、增强记忆和理解、提高学习动机等优势。在体育教学中，及时纠正错误动作对于学生掌握正确技能至关重要。例如，在教授游泳技术时，教师可以在学生完成一个动作后立即指出错误，并示范正确的动作，这样学生可以立刻调整，避免重复犯错。即时反馈，增强了学生对正确动作的记忆和理解，在练习篮球投篮时，教师可以在学生每次投篮后立即给出反馈，帮助学生理解投篮时的力道和姿势。即时反馈还能够提供及时的鼓励和肯定，有助于提升学生的学习动机和积极性，例如，教师在学生完成一项难度较高的动作后，立即给予表扬，学生会获得成就感，从而激励他们继续努力。即时反馈适用于需要迅速纠正错误和强化正确行为的教学情境，特别是在学生刚开始学习新技能或动作时，以及在需要保持高度注意力和集中度的训练中。

延迟反馈是在学生完成动作或任务一段时间后才给予的反馈。这种反馈方式也具有独特的优势，包括促进自主学习、减少依赖性和增强持久记忆。延迟反馈鼓励学生在得到反馈前，先进行自我反思和评估，有助于培养学生的自主学习能力和自我监控能力。例如，在长跑训练后，教师可以在第二天给出反馈，获得反馈前，学生可以回顾并反思自己的表现。延迟反馈减少了学生对教师反馈的依赖，帮助他们学会自己解决问题，例如，在体操训练中，学生在完成一个动作后不会立即得到反馈，而是需要自己回顾动作细节，培养独立分析和解决问题的能力。延迟反馈可以帮助学生更深层地处理信息，有助于持久记忆的形成，例如，在学习复杂的技战术动作时，延迟反馈可以让学生有时间内化信息，进行长时记忆的巩固。延迟反馈适用于需要培养学生自主学习能力和长期记忆的教学情境，尤其是在学生已经掌握技能，需要进一步巩固和深化学习时。

（二）即时反馈与延迟反馈的运用策略

在体育教学中，即时反馈和延迟反馈并不是对立的，而是相辅相成、互为补充，合理结合这两种反馈方式，可以达到最佳的教学效果。在初期学习阶段，学生刚开始学习新的技能或动作时，即时反馈至关重要。在这个阶段，学生需要及时纠正错误动作，明确正确的动作模式。例如，在教授篮球基本运球技巧时，教师应在每次练习后立即给予反馈，确保学生掌握正确的基本动作。当学生对某项技能有了基本掌握后，可以逐渐增加延迟反馈的比例。在这个阶段，学生需要通过自我反思和练习来巩固技能。例如，在学生已经掌握基本的篮球运球技巧后，教师可以在每周的训练总结时给予整体反馈，帮助学生反思和总结一周的训练情况，进一步提升技能掌握水平。

反馈时机的选择需要考虑多个因素，包括学生的学习阶段、技能的复杂程度和训练的具体情况。学生在刚开始学习新技能时，即时反馈可以帮助他们迅速掌握正确的动作，而在技能巩固和提升阶段，延迟反馈可以促进学生的自主学习和长时记忆。此外，不同体育项目的反馈策略也有差异。例如，在竞技性较强的项目如篮球和足球中，即时反馈更为重要，因为这些项目需要迅速反应和调整，而在技术含量较高的项目如体操和游泳中，延迟反馈可以帮助学生进行深层反思和技能内化。

总之，反馈在高校体育教学中具有重要作用。即时反馈和延迟反馈各有特点和优势，合理结合这两种反馈方式，并根据具体教学情况选择适当的反馈时机，可以显著提升体育教学效果，促进学生全面发展。

三、教师反馈的方式与技巧

（一）口头反馈技巧

口头反馈是体育教学中最常用的反馈方式，它直接、即时，能够迅速对学生的表现做出评价和指导。口头反馈的有效运用需要注意以下几点：

教师在给予口头反馈时应使用明确具体的语言。模糊的反馈如"干得不错"或"加油"虽然能鼓励学生，但无法帮助学生明确具体改进的方向。教师应尽量具体地指出学生的优点和不足，例如，"你的投篮姿势很好，但是手腕的力度还需要加强"这样具体的反馈可以帮助学生明确自己的改进方向。

教师的语气和态度也非常重要。口头反馈的语气应尽量平和、积极，避免使用带有批评或责备的语气。建设性和鼓励性的语气能够提高学生的接受度和改进意愿。例如，当学生在比赛中失误时，教师可以用温和的语气说："没关系，下次注意观察对手的动作，你会做得更好。"

教师还应注意反馈的时机。即时反馈能够迅速纠正学生的错误，防止错误习惯的养成。例如，在进行体操训练时，教师可以在学生完成一个动作后立即给予反馈，帮助学生及时调整动作。即时反馈的时机选择尤为重要，应该尽量在学生注意力集中且对反馈有需求时进行。

（二）非语言反馈的运用

非语言反馈是指通过肢体语言、面部表情、眼神交流等方式给予学生的反馈。这种反馈方式虽然没有语言反馈那样直接，但同样能够传递信息，并在一定程度上影响学生的情绪和行为。

肢体语言是非语言反馈的重要组成部分。例如，当学生在比赛中表现出色时，教师可以通过竖大拇指或鼓掌来表示赞赏，让学生感受到教师的肯定和鼓励。相反，当学生出现错误时，教师可以通过摇头或其他手势来提示学生注意，这样可以在不打断训练的情况下传递纠正信息。

面部表情也在非语言反馈中扮演重要角色。教师的表情应与反馈内容相一致，以增强反馈的有效性。例如，当学生取得进步时，教师可以微笑或点头，表示认同和鼓励；当学生犯错时，教师可以表现出专注和关心的表情，让学生感受到教师的关注。

教师还可以通过与学生的眼神交流，传递出关心、肯定、鼓励等情感。例如，当学生在训练中表现出色时，教师可以通过与学生的眼神交流来传递赞赏的信息；当学生感到困惑或需要帮助时，教师也可以通过眼神交流来表示关注和支持。

（三）书面反馈的形式和内容

书面反馈是一种详细且持久的反馈方式，可以帮助学生进行课后反思和改进。书面反馈的形式和内容应根据教学目标和学生的需求来设计。

书面反馈的形式可以多种多样，包括评语、评分表、进步报告等。评语应具体、详细，避免空洞地赞美或批评。例如，在评价学生的体育比赛表现时，教师可以写道："你的奔跑速度和耐力有了显著提高，但在比赛中的战术意识还有待加强，建议你多参与团队训练，提升团队配合能力。"

评分表是一种量化的书面反馈形式，可以帮助学生清晰地了解自己的表现和改进方向。例如，教师可以设计一个评分表，针对不同的技能或项目进行评分，并附上具体的改进建议。这样，学生可以通过评分表直观地看到自己的进步和不足。进步报告是一种全面的书面反馈形式，通常在学期末或特定阶段使用。进步报告不仅包括对学生当前表现的评价，还应包含对学生未来发展的建议。例如，教师可以在进步报告中写道："你在本学期的表现非常出色，特别是在团队合作和战术执行方面有显著进步。建议你在下学期进一步加强个人技术的练习，特别是投篮和传球技巧。"

（四）个别反馈与集体反馈的选择

在体育教学中，个别反馈和集体反馈各有其适用范围和优势，合理选择和运用这两种反馈方式，可以提高教学效果。

个别反馈是针对单个学生的反馈，具有针对性强、个性化的特点。个别反馈可以帮助学生了解自己在具体技能或动作上的表现和改进方向。例如，在教授排球扣球技术时，教师可以单独指导每个学生，指出他们在动作中的问题，并提供具体的改进建议。个别反馈能够提供详细和具体的指导，但需要更多的时间和精力。集体反馈是针对整个班级或小组的反馈，具有覆盖面广、效率高的特点。集体反馈可以总结共性问题，并提供集体改进建议。例如，在某次比赛后，教师可以对全班同学进行集体反馈，指出比赛中的共同问题，如战术配合不够默契、体能不足等,并提出改进方案。集体反馈可以有效节约时间,并有助于学生之间的互相学习和借鉴。

合理选择个别反馈与集体反馈的时机和方式,可以最大化反馈的效果。在技能学习的初期和个别问题较多时,应多使用个别反馈,在总结阶段或共性问题较多时,可以多使用集体反馈。

(五)积极反馈与纠正性反馈的平衡

在体育教学中,积极反馈与纠正性反馈的平衡使用对于提升学生的学习效果和保持心理健康至关重要。积极反馈旨在肯定学生的优点和进步,激励他们继续努力;纠正性反馈则是指出学生的不足和错误,帮助他们改进。积极反馈应着重强调学生的优点和进步情况,例如,当学生在训练中表现出色时,教师应及时给予表扬和鼓励:"你的跳跃高度比上次提高了很多,继续保持!"这样的反馈可以增强学生的自信心和学习动机。纠正性反馈应具体、有建设性,避免过于严厉或负面。例如,当学生在训练中出现错误动作时,教师应具体指出问题并提供改进建议:"你的起跳时机稍微晚了一点,下次注意在对手起跳前提前启动。"这样,学生可以明确自己的不足并进行改进。在实际教学中,积极反馈和纠正性反馈应保持适当的比例,过多的纠正性反馈可能会打击学生的积极性,过多的积极反馈可能会让学生忽视自己的不足。因此,教师应根据学生的具体情况和表现,合理平衡两种反馈方式,既要激励学生不断进步,又要帮助他们克服不足。

四、反馈信息的收集、分析与应用

(一)反馈信息收集的多元化渠道

有效的反馈信息收集需要多元化的渠道,以确保信息的全面性和准确性。首先,课堂观察是最直接的反馈信息来源。教师可以通过观察学生在课堂上的表现,了解他们的参与度、学习态度和技能掌握情况。例如,通过观察学生在篮球训练中的动作,教师可以发现他们在运球、传球和投篮中的问题。其次,问卷调查是获取学生反馈的常用方法。通过设计合理的问题,问卷调查可以收集到学生对教学内容、教学方法、教学节奏等方面的意见和建议。例如,教师可以在学期末发放问卷,了解学生对整个课程的满意度和改进建议。再次,面谈是收集反馈信息的有效方式。通过与学生一对一或小组面谈,教师可以深入了解学生的想法和需求，获得更详细和具体的反馈信息。例如，在期中考试后，教师可以与部分学生进行面谈，了解他们对考试内容和形式的意见。最后，教师还可以通过学生的作业、考试成绩和训练记录等途径收集反馈信息，这些数据可以反映学生的学习进度和效果，帮助教师发现教学中的问题和不足。

（二）定性和定量反馈数据的处理方法

收集到的反馈信息通常包括定性和定量两种数据，处理这些数据需要采用不同的方法。定量数据通常包括学生的考试成绩、评分表得分、出勤率等，这些数据可以通过统计分析的方法进行处理。例如，教师可以计算学生的平均成绩、标准差、进步率等指标，评估学生的整体学习效果和个体差异。定性数据包括学生的口头或书面意见、课堂观察记录、面谈记录等，这些数据需要通过内容分析的方法进行处理。例如，教师可以将学生的意见分类整理，找出共性问题和个别问题，分析其原因和影响。定性数据的处理还可以结合定量数据来进行，通过对比分析，发现学生潜在的问题和改进方向。在处理定性和定量数据时，教师应注意数据的可靠性和有效性。对于定量数据，应采用合理的统计方法，避免数据的误用或误解；对于定性数据，应确保信息的真实和全面，避免主观偏见。

（三）反馈信息的分类和整理

分类和整理反馈信息是反馈信息应用的前提。教师可以根据反馈信息的来源、内容和性质，将其分类整理。例如，根据反馈信息的来源，可以将其分为学生反馈、同事反馈、家长反馈等；根据内容，可以分为教学内容反馈、教学方法反馈、教学效果反馈等。

在整理反馈信息时，教师应注意信息的系统性和条理性。可以采用表格、图表等形式，将反馈信息直观地展示出来，便于分析和应用。例如，教师可以制作反馈信息整理表，将不同来源、不同内容的反馈信息分类列出，并附上具体的意见和建议。

分类和整理反馈信息的目的是更好地分析和应用。通过系统的整理，教师可以全面了解反馈信息的内容和特点，为制定和改进教学策略提供依据。

（四）基于反馈信息制定和改进教学策略

基于反馈信息制定和改进教学策略是反馈信息应用的核心。教师应根据反馈信息的分析结果，科学、合理地制定和改进教学策略。例如，如果反馈信息显示学生对某一教学内容理解困难，教师可以考虑调整教学方法，采用更加直观的教学手段，或增加相关练习。在制定和改进教学策略时，教师应结合实际情况，制定具体、可行的措施。例如，如果反馈信息显示学生在训练中缺乏动力，教师可以考虑引入竞争机制，设置奖惩制度，激发学生的训练积极性。教学改进策略的制定应注重长期效果和可持续性。教师应考虑教学改进的长期目标，制订逐步实施的计划。例如，在改进体能训练课程时，教师可以制订分阶段的训练计划，逐步提高训练强度和难度，确保学生体能水平的稳步提升。

（五）反馈效果的跟踪和评估

反馈效果的跟踪和评估是反馈信息应用的最后一步。教师应在改进教学策略后，定期跟踪和评估其效果，以确保改进措施的有效性和适用性。例如，在实施新的教学方法后，教师可以通过问卷调查、课堂观察、学生成绩等途径，评估教学效果的变化。

跟踪和评估反馈效果应注重全面性和系统性。教师应从多方面、多角度评估教学改进的效果。例如，评估学生的学习成绩、学习态度、技能掌握情况等，同时考虑教学改进对整体教学质量的影响。

在跟踪和评估反馈效果的过程中，教师应保持开放的态度，及时调整和优化教学策略。例如，如果评估结果显示某项改进措施实施效果不佳，教师应及时调整或更换改进策略，确保教学质量的不断提升。

总之，反馈信息的收集、分析与应用是一项系统工程，涉及多元化渠道的收集、定性和定量数据的处理、信息的分类和整理、制定和改进教学策略及效果的跟踪和评估。通过科学、系统地进行反馈信息的收集、分析与应用，教师可以不断优化教学内容和方法，提升教学效果，促进学生全面发展。

参考文献

[1] 毛振明. 体育教学论 [M]. 第 2 版. 北京：高等教育出版社，2011.

[2] 陈炜，黄芸. 体育教学与模式创新 [M]. 北京：光明日报出版社，2016.

[3] 谷茂恒，姜武成. 高校体育教学评价体系的构建 [M]. 北京：航空工业出版社，2017.

[4] 金俊. 体育教学方法及教学技能探究 [M]. 北京：研究出版社，2020.

[5] 张振华. 体育教学理论与方法 [M]. 北京：北京师范大学出版社，2016.

[6] 丁旭. 高校体育教学新理念与方法研究 [M]. 北京：中国书籍出版社，2014.

[7] 蔺新茂，毛振明. 体育教学内容论 [M]. 北京：北京体育大学出版社，2014.

[8] 李启迪，邵伟德. 体育教学基本理论研究 [M]. 北京：北京师范大学出版社，2014.

[9] 陈元香，冯建强，万绪鹏，等. 新时期高校体育教学的目标定位及创新策略 [J]. 当代体育科技，2023，13（9）：41—44.

[10] 易燕，邹业兵. 任务驱动在高校体育教学中的应用 [J]. 财富时代，2020，(10)：213—214.

[11] 王冬梅. 高校体育教育创新发展研究 [M]. 长春：吉林人民出版社，2021.

[12] 杨乐. 体育游戏法在高校体育课堂中的应用解析 [J]. 体育风尚，2018，(10)：205.

[13] 葛金琰，闫振龙，李云镁. 基于虚拟现实技术的高校体育教学应用研究 [J]. 文体用品与科技，2022，(17)：124—125.